साइहांबा

एक हरित गाथा

www.royalcollins.com

साइहांबा

एक हरित गाथा

यांग युच्छिआन और वांग युंकौंग

Books Beyond Boundaries

ROYAL COLLINS

रॉयल कॉलिन्स

SAIHANBA: A GREEN LEGEND

Written by Yang Yunqian and Wang Yuncong
Publisher: Yu Jiutao
Planning Editor: Fang Yunzhong
Editor: Liu Xiaoxue
Hindi Translator: Lochani Asthana

First Hindi Edition 2023
By Royal Collins Publishing Group Inc.
BKM Royalcollins Publishers Private Limited
www.royalcollins.com

साइहांबाः एक हरित गाथा
यांग यु०छिआन और वांग युंकौंग
हिंदी अनुवाद : लोचनी अस्थाना

Headquarters: 550-555 boul. René-Lévesque O Montréal (Québec) H2Z1B1 Canada
India office: 805 Hemkunt House, 8th Floor, Rajendra Place, New Delhi 110 008

ISBN: 978-1-4878-1105-1

साइहांबाः एक हरित गाथा

सहयोगी
हेबेइ साइहांबा वन फार्म

चित्रों में योगदान
हेबेइ साइहांबा वन फार्म
शिन्हुआ समाचार एजेंसी
चीन समाचार सेवा
दृश्य चीन समूह
बीजिंग युवा दैनिक

चित्र सौजन्य
दुआन वेइ
फांग शुओ
वांग युंकौंग
लिउ झाओमिंग
फेंग निआन
ली योंग्जिन
ली फ़ान

❖ छायाकार: फ़ेंग निआन

भूमिका

हाल में नासा से जारी एक उपग्रह चित्र में दिखाया गया कि पृथ्वी का कुल हरित क्षेत्र 5 प्रतिशत बढ़ गया है और यह बढ़ा हुआ क्षेत्र अमेज़न वर्षा-वन के बराबर है। इस बढ़े हुए क्षेत्र में कम से कम एक चौथाई हिस्सा चीन की देन है। विश्लेषणों के परिणाम बताते हैं कि नव-सम्मिलित वन कुल हरित क्षेत्र का 42 प्रतिशत हैं।

राष्ट्रपति शी चिनफिंग के अनुसार, "निर्मल जल और हरे-भरे पर्वत अनमोल सम्पदा हैं।" चीन, पर्यावरण संरक्षण को बहुत महत्व देता है और एक ऐसा बढ़िया पारिस्थितिक वातावरण बनाने में कोई कसर नहीं छोड़ता जिसमें मानव और प्रेंति के बीच सामंजस्यपूर्ण सह-अस्तित्व हो। 2018 के अंत में चीन ने 23.4 प्रतिशत की राष्ट्रीय वानिकी दर से 2019 तक 60 लाख 67 हज़ार हेक्टेयर भूमि पर वनीकरण का कार्य पूरा करने और 2020 तक 20,000 राष्ट्रीय वन ग्रामों का निर्माण करने की योजना घोषित की थी।

चीन ने "ग्रीन ग्रेट वॉल" योजना लागू की हुई है जिसके सकारात्मक परिणाम मिल रहे हैं। इस योजना का उद्देश्य 2050 तक दुनिया का सबसे विशाल मानव निर्मित वन तैयार करना है।

चीन ने अपने असाधारण उत्साह और योग्यता से कई बार अपनी विशाल भूमि पर कृत्रिम तरीकों से प्रेंति में बदलाव करने का चमत्कार किया है।

हेबइ प्रांत का धुर उत्तरी सिरा और आन्तरिक मंगोलिया (इनर मंगोलिया) की सीमा जहां मिलती है, वहाँ लगभग 93,000 हेक्टेयर भूमि पर एक घना जंगल है, जो दुनिया का सबसे बड़ा कृत्रिम वन है और यह भारी आबादी वाले बीजिंग से केवल 400 किलोमीटर

दूर स्थित है। यह "साइहांबा वन फार्म" के नाम से जाना जाता है (आगे इसे हम संक्षेप में केवल "साइहांबा" ही कहेंगे)। यदि यहां के पेड़ों को एक पंक्ति में एक एक मीटर पर खड़ा किया जाये तो यह भूमध्य रेखा की 12 परिक्रमा कर लेंगे।

57 साल पहले, यह इलाका केवल पीली रेत का विशाल रेगिस्तान था जहाँ कोई पंछी भी पर नहीं मारता था। लेकिन साइहांबा वनीकरण समुदाय के निरंतर प्रयासों ने दुनिया का सबसे बड़ा मानव निर्मित वन खड़ा कर दिया। आज यह, बीजिंग-तिआन्जिन क्षेत्र में 137 मिलियन क्युबिक मीटर स्वच्छ जल पहुंचाता है, प्रति वर्ष वायुमंडल में अनुमानित 5 लाख 50 हज़ार टन ऑक्सीजन छोड़ता है जो लगभग 20 लाख लोगों को स्वतंत्र रूप से सांस लेने के लिए पर्याप्त है। आज यह क्षेत्र पेड़ों का महासागर, नदियों का स्रोत, फूलों की दुनिया और पक्षियों के लिये स्वर्ग बन चुका है।

उत्कृष्ट पर्यावरण संरक्षण में व्यक्तियों और संगठनों के योगदान के लिये संयुक्त राष्ट्र का सर्वोच्च सम्मान "चैंपियंस ऑफ द अर्थ" दिसंबर 2017 में, केन्या की राजधानी नैरोबी में संयुक्त राष्ट्र पर्यावरण कार्यक्रम (यूएनईपी) मुख्यालय में साइहांबा को प्रदान किया गया। इस अवसर पर यूएनईपी ने निम्नलिखित टिप्पणी की थी:

"आंतरिक मंगोलिया स्वायत्त क्षेत्र के दक्षिणी किनारे से लगता 92 हज़ार हैक्टेयर में फैला साइहांबा, लकड़ी के लिये पेड़ों की अत्याधिक कटाई के कारण 1950 के दशक तक बंजर हो चुका था जिसकी वजह से उत्तरी रेगिस्तान का रेत उड़ कर बीजिंग तक पहुँचने लगा। 1962 में, सैकड़ों वनकर्मियों ने यहाँ पेड़ लगाने शुरू किये और उनकी तीन पीढ़ियों ने यहाँ का वन क्षेत्र 11.4 प्रतिशत से बढ़ाकर 80 प्रतिशत कर दिया।"

एक भेंट में, यूएनईपी के कार्यकारी निदेशक एरिक सोल्हीम ने कहा: "साइहांबा वनीकरण समुदाय ने बंजर हो चुकी भूमि को हरे भरे स्वर्ग में बदल दिया – हरियाली की एक नई ग्रेट वॉल का ये हिस्सा, लाखों लोगों की वायु प्रदूषण से रक्षा करने और अनमोल जल की आपूर्ति संरक्षित करने में अहम भूमिका निभाएगा। यह कार्य इस बात का सबूत है कि पर्यावरणीय गिरावट को पलटा जा सकता है, और यह एक ऐसा निवेश है जो किया जाना चाहिए।"

कठिनाइयों के बावजूद, साइहांबा के लोग अपने दृढ़ विश्वास के साथ वीरान इलाके में वनीकरण के काम में जुटे रहे। सामूहिक सम्मान की भावना के साथ उन्होंने इसे

व्यक्तिगत जीवन का लक्ष्य बना कर 50 से अधिक वर्षों तक निरन्तर प्रयास करके साइहांबा की कायापलट कर दी। उन्होंने देश के "सुदूर, ऊँचे और अत्यन्त ठंडे" बंजर इलाके को एक "खूबसूरत पन्ने" में बदल दिया जो चीन के विशाल उत्तरी हिस्से में किसी नगीने सा दमकता है।

साइहांबा के लोगों ने यहाँ केवल पेड़ ही नहीं लगाये बल्कि खेती भी की।

यह खूबसूरत पहाड़ी इलाका दृष्टि और आत्मा दोनों को सुकून देता है।

1980 में, चीन के एक प्रसिद्ध लेखक वेइ वेइ (1920-2008) ने साइहांबा पर एक कविता लिखी थीः

"धवल मेघ वाले नीले आकाश तले, अनन्त फैले हरे भरे खेतों में फूल खिले हैं क्या ये फूल कभी मुरझा सकते हैं? फूल नहल, ये तो वनीकरण की वजह हैं।"

साइहांबा के वन-कर्मी शायद विश्व के सबसे प्यारे लोग हैं।

विषय सूची

1 हरित पारिस्थितिकी का आदर्श नमूना –
साइहांबा / 1

1. भ्पेजवतल / 2

2. एक वृक्ष से वन तक / 8

2 वन लगाने वाली पहली पीढ़ीः वीराने में राह
दिखाने वाले 21

1. झाओ झेन्यु और पाइ वेन्जुआनः साइहांबा हमारा
आशियाना / 23

2. वांग ताइछि और लियु युहोंगः समर्पित कार्य के 50
वर्ष / 28

3. वांग शांघाईः मातिकेंग में निर्णायक "लड़ाई" / 31

4. चेन् यान्शिआनः साइहांबा के प्रति पूर्ण
समर्पण / 36

3 साइहांबा के लोगों की दूसरी पीढ़ीः वन संरक्षण
में चुनौतियों का सामना / 49

1. वांगहुओ भवन में एक दम्पतीः वन पर्यवेक्षक बन कर
प्रसन्न / 51

2. वन रेंजर लियु गुओः क़दमों से नापते वन / 62

3. गुओ झिफेंगः वन चिकित्सक / 65

4. यान लिजुन और चि फुलिः साइहांबा की रूपरेखा
तैयार करना / 72

5. लियु हेइयांगः ये शानदार कामयाबी सिर्फ़ मेरी नहीं
है / 76

4 साइहांबा की तीसरी पीढ़ीः कठिनाइयों में उल्लास तलाशते लोग / 83

1. यु शिताओः साइहांबा हमारा सपना / 85

2. सौंग यिंग्यिंग और फु यिंग्नानः मुश्किलों और खुशियों की जुगलबंदी / 88

3. यु लेइः साइहांबा में कार्यरत चौथी पीढ़ी / 92

4. यांग लीः साइहांबा में पीएचडी-धारी पहली महिला कर्मी / 95

5. गुओ झिरुइः विश्वविद्यालय का स्नातक लौटा साइहांबा में काम करने / 98

5 अनमोल संपदा हैं निर्मल जल और हरे भरे पर्वत / 125

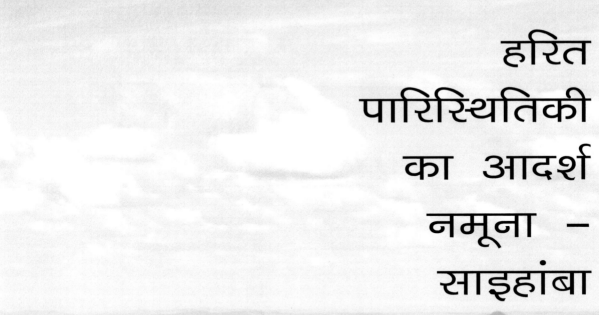

हरित पारिस्थितिकी का आदर्श नमूना – साइहांबा

①

भ्पेजवतल

आन्तरिक मंगोलिया के लावा पठार और उत्तरी हेबेइ प्रांत के पहाड़ी क्षेत्र के मिलन स्थल पर, बृहद् ऋखगन पर्वतमाला और यान्शान पर्वतमाला तथा स्टैपी-वन और कृषि-चरागाह के पर्यावरण के बीच स्थित 400 मिमी वार्षिक वर्षा वाला साइहांबा एक विशाल बाँध बन चुका है जो पूर्व-पश्चिम में 51.46 किमी लम्बा और दक्षिण-उत्तर में 17.84 किमी चौड़ा है। यह 1,500 से 2,067 मीटर के बीच की ऊंचाई पर स्थित है, और इसका कुल क्षेत्रफल 20,029 हैक्टेयर है।

साइहांबा शब्द मंगोल और चीनी भाषा से लिया गया है, जिसका अर्थ है "सुन्दर ऊँची पहाड़ी"। हेबेइ प्रांत के सबसे उत्तरी वेइचांग ज़िले में स्थित साइहांबा की सीमा, आन्तरिक मंगोलिया पठार के हुन्शांदके रेगिस्तान से लगती है जो चीन के 10 सबसे बड़े रेगिस्तानों में से एक है जहाँ पठार और पहाड़ हैं।

एक ज़माने में साइहांबा में घनी वनस्पति, हरे-भरे जलीय पौधे, प्रचुर मात्रा में पक्षी और जानवर तथा सुहानी जलवायु होती थी। 10 वल और 13 वल शताब्दी के बीच लियाओ और चिन राजवंशों के दौरान, दुनिया भर में यह इलाका "मीलों तक देवदार" के नाम से प्रसिद्ध था। छिंग सम्राट कांग्शि (1662-1722) ने

अपने युवा काल में जागीरदारों और शिकारियों को खुश करने तथा सैन्य प्रशिक्षण के लिए 1681 में एक शाही मैदान "मुलान पैडॉक" बनाने का आदेश दिया था। गर्मियों और शरद ऋतु में छिंग सम्राट गर्मी से बचने और शिकार करने के लिये अपने शाही परिवारों, दरबारी मंत्रियों और आठ प्रभागों (ऋछग राजवंश में सैनिक एवं प्रशासनिक संगठन) के बड़ी संख्या में अधिकारियों, अभिजात वर्ग के सैन्य बलों के साथ चेंगदे में मुलान पैडॉक आते थे।

1840 में पहला अफीम युद्ध छिड़ने के बाद से छिंग राजवंश का पतन हो रहा था। राष्ट्रीय कोष में कमी आने से सम्राट तोंग्झि (1856-1875) की शिकार में रुचि कम हो गई। अपने शासनकाल के दूसरे वर्ष 1863 में सम्राट तोंग्झि ने इस इलाके पर लगा प्रतिबंध हटा दिया और यहाँ खेती की अनुमति दे दी। 1916 तक के 53 वर्षों के दौरान 86,667 हेक्टेयर से अधिक वन भूमि पुनः हासिल कर ली गई। छिंग राजवंश के पतन के बाद जंगलों, घास के मैदानों और नदियों पर ध्यान न दिये जाने से इन्हें भारी नुकसान पहुँचा और ये इलाका धीरे धीरे बियावान हो कर रेगिस्तान में बदल गया।

इस तरह राजधानी का कुदरती कवच समाप्त हो गया। इनर

❖ होंग्सोंग्वा नेचर रिज़र्व में, साइहांबा वन फार्म के उत्तर-पूर्वी भाग में, 200 साल से अधिक पुराना देवदार का एक पेड़ 20 मीटर से अधिक ऊंचा है। लाल कपड़े में लिपटा यह पेड़ "गुण सम्पन्न वृक्ष" कहलाता है।

मंगोलिया (आन्तरिक मंगोलिया) पठार से दक्षिण में आने वाली रेत के कारण भूमि रेगिस्तान में बदलने लगी और तापमान में भारी गिरावट आने से ये शून्य से 43.3 डिग्री नीचे तक चला गया और वार्षिक औसत तापमान शून्य से 1.3 डिग्री नीचे रहने लगा। बीजिंग में शीत और वसन्त काल के दौरान अकसर रेतीले तूफ़ान आने लगे। एक सदी से भी कम समय में "सुन्दर ऊँची पहाड़ी" रेगिस्तान बन कर रह गई जिसके आकाश में पीली रेत चढ़ी रहती, जहाँ पंछियों के बैठने को कोई पेड़ नहीं था और जो चारों तरफ पथरीली चट्टानों से घिरी थी।

जन गणराज्य चीन की स्थापना के बाद, चीनी कम्युनिस्ट पार्टी ने अपनी मातृभूमि का पारिस्थितिक दर्द महसूस किया। 1956 में, माओ ज़ेदोंग ने "मातृभूमि को हरा-भरा" करने के महान कार्य का प्रस्ताव रखा और तब से चीनी नेताओं ने पारिस्थितिकी, वनीकरण और हरियाली को अत्याधिक महत्व दिया है।

❖ दुनिया का ये हिस्सा एक विशाल रेगिस्तान था

1 हरित पारिस्थितिकी का आदर्श नमूना – साइहानबा

साइहाँबा : एक हरित गाथा

❖ रेत के टीले

❖ पत्थरों के बीच से उड़ता रेत

❖ घास के मैदानों को लील गए जगह बदलते रेतीले टीले

②

एक वृक्ष से वन तक

झेंशा मंडप के वाँग्हुओ भवन के उत्तर से अगर हम साइहांबा के संदाओहेकु वन फार्म को देखें तो हम पायेंगे कि हुन्शान्दके रेगिस्तान और साइहांबा, केवल तुलिजेन नदी से विभाजित होते हैं। 1950 के दशक में बीजिंग में अकसर जो रेतीले तूफान आते थे वो मुख्यतः हुन्शान्दके से आते थे। साइहांबा का प्रसार, आन्तरिक मंगोलिया पठार के दक्षिणी किनारे के पार तक होने से, पठार की शीत धाराओं के कारण साइहांबा आने वाली हवायें अधिक तीव्र और अत्याधिक ठंडी हो जातीं। ऊंचाई पर स्थित होने, कड़ाके की ठंड, तेज़ हवायें, बढ़ता रेगिस्तान और सूखे आदि के कारण साइहांबा हर तरह की भीषण परिस्थितियाँ झेल रहा था।

साल में 300 से अधिक दिन तो 5 से 6 या इससे अधिक वेग से हवायें चलतीं थीं। न्यूनतम तापमान शून्य से 43.5 डिग्री तक नीचे चला जाता और वार्षिक औसत तापमान शून्य से 1.3 डिग्री नीचे रहता था। एकदम सही कहें तो चार महीने से अधिक समय तक तापमान शून्य से 23 डिग्री नीचे रहता जबकि साल में केवल 52 दिन ही पाला-मुक्त होते थे। साल के सात महीने यहाँ बर्फ रहती थी। यहाँ के पर्यावरण की कल्पना नहीं की जा सकती थी।

साइहांबा की कहानी आरम्भ होती है देवदार के एक पेड़ से। नवम्बर 1961 में वन मंत्रालय के राज्य वन प्रबन्धन ब्युरो के उप-महानिदेशक लियु कुन के नेतृत्व में एक टीम घोड़ों पर सवार हो कर बर्फ से ढके बाँध को पार करके यहाँ पहुँची। लियु, रेगिस्तान को दक्षिण में बढ़ने से रोकने के लिये वन-फार्म बनाने की जगह तलाशने के प्रभारी थे। इस विशाल रेगिस्तान को पार करने का एकमात्र वाहन घोड़े ही थे। यहाँ से लौटते समय लियु कुन ने घबरा कर कहा था: "यह जगह समुद्र सतह से 1500 मीटर ऊँची है जबकि राजधानी बीजिंग की ऊँचाई लगभग 40 मीटर है। यहाँ का रेत आसानी से राजधानी को निगल सकता है। रेतीले तूफानों को रोकने का एक ही उपाय है कि वन लगा कर यहाँ की मिट्टी बाँधी जाए। अगर रेगिस्तान का प्रसार बढ़ता रहा तो बीजिंग और मध्य मैदानी इलाका सब बरबाद हो जायेंगे। अगर ऐसा हुआ तो हमारी जग-हँसाई ही नहीं होगी, यहाँ के लोगों के लिये जीना दूभर हो जायेगा।"

तीन दिन तक इलाके की खाक छानने के बाद उन्हें साइहांबा के उत्तरपूर्व में 200 साल पुराना देवदार का एक पेड़ मिला। लियांग्बिंगताइ, शिमिआओज़ि और अन्य स्थानों पर भी कुछ जली

हुई जड़ें मिलीं। लम्बी चर्चा के बाद फैसला हुआ कि यहाँ देवदार के पेड़ लगाये जा सकते हैं और यह जानकर उनमें खुशी की लहर दौड़ गई। इस एकमात्र बचे पेड़ को देखकर उन्होंने कहा था, "ये जीता जागता उदाहरण है। यद्यपि आज केवल एक है लेकिन कल यहाँ पूरा जंगल होगा।"

लिउ कुन की इस खोज से केन्द्रीय सरकार का ध्यान भी इस पर गया। वित्तीय कमी के बावजूद केन्द्र सरकार, उत्तरी हेबेइ प्राँत में बालू नियन्त्रण और वनीकरण के लिये विशाल धन राशि आवंटित करने को दृढ़ संकल्प थी। वन मंत्रालय ने साइहांबा के बुरी तरह बरबाद हो चुके इलाकों में पाँच बड़े यंत्रीत वन फार्म तैयार करने के लिये एक टीम गठित करने को तुरन्त बैठक बुलाई ताकि बीजिंग के आसपास रक्षात्मक बाड़ तैयार की जा सके।

मार्च 1962 में, भारी गर्म कोट और गर्म बूट पहन कर कड़ाके की ठंडी हवाओं का सामना करते हुए कर्मचारी बर्फ में रास्ता बनाते साइहांबा की ओर चल दिये। वहाँ पहुँच कर रहने के लिये उन्होंने एक अस्थायी ढाँचा तैयार किया जिसे रात में अलाव जला कर गर्म रखा जाता। और इस तरह वन मंत्रालय की साइहांबा वन फार्म योजना आधिकारिक रूप से लागू हो गई। टीम

के पहले दल में, युद्ध में भाग ले चुके पार्टी समिति सचिव वांग शांघाई, फार्म प्रमुख लियु वेंशि, पेकिंग विश्वविद्यालय से स्नातक और प्रौद्योगिकी उप-प्रमुख झांग छिएन, और फार्म उप-प्रमुख वांग फ्युमिंग जो एक समय ज़िला उप-प्रमुख भी रह चुके थे, जैसे अनुभवी काडर शामिल थे। इस टीम ने फैसला किया कि वसन्त आते ही वे पौध लगाने की मशीनें आने से पहले अपने हाथों से ही पौध लगायेंगे।

अप्रैल के अंत तक आखिर वसन्त भी आ गया। इस इलाके के सूचीबद्ध स्थानीय वन-वासी और पीपल्स कम्यून के सैंकड़ों सदस्य, चार सदस्यीय समूह के नेतृत्व में लाल झंडा उठा कर, खच्चरों पर फावड़े और कुदालें लाद कर बंजर इलाके को खुशहाल बनाने चल दिये। केवल 20 दिन में ही उन्होंने 66.67 हैक्टेयर क्षेत्र में पौधे लगा दिये।

लेकिन अपेक्षा के विपरीत 20 दिन बाद ही इनमें से 90 प्रतिशत पौधे मुरझा कर पीले पड़ गये।

"बीजिंग-तिआन्जिन क्षेत्र को बालुइ तूफानों से होने वाले नुकसान से बचाने के लिये साइहांबा की दशा बदलने और जल तथा मिट्टी के संरक्षण का राष्ट्रीय आह्वान" सुन कर सितम्बर में,

24 वर्ष से कम उम्र के कॉलेज के 172 युवा छात्र साइहांबा पहुँचे।

लेकिन ये लोग साइहांबा की भीषण जलवायु, जटिल भू-क्षेत्र, और यातायात के उचित साधनों की कमी से परिचित नहीं थे। साहित्य के एक छात्र ने अपनी डायरी में लिखा थाः "साइहांबा एक कंटीला सुन्दर गुलाब है जो यहाँ की हवाओं का रुख बदलने वालों को नुकसान पहुंचाता है।"

पर हताशा में साहस और संकल्प ही साथ देते हैं। कंधे से कंधा मिलाकर जूझते हुए 369 प्रणेताओं ने साइहांबा की दशा बदलने का काम फिर शुरू कर दिया।

❖ बीजिंग, हाणबन, और साइहांबा का वार्षिक औसत तापमान (ऊपर से नीचे) न्यूनतम तापमान और पाला-मुक्त दिनों के साथ

❖ साइहांबा में मिला लगभग 200 वर्ष पुराना देवदार का पेड़

साइलोबा : एक हरित गाथा

❖ पहला वन फार्म जब बन कर तैयार हुआ तब यहाँ की सड़क 100 किमी से अधिक लम्बी नहीं थी। आवागमन का मुख्य साधन घोड़े या बैलगाड़ियाँ थीं और यात्रा पूरी करने में तीन दिन लगते थे। सर्दियों में वन फार्म बाहरी दुनिया से कटा रहता था।

❖ *साइहांबा कार्मिकों के आवास*

साइहानबा : एक हरित गाथा

❖ ऊपर - शुरु के दिनों में वन कार्मिकों को
जीने के लिये अपना भोजन स्वयं उगाना
पड़ता था

❖ बाएँ - वन कार्मिक पेड़ों के बीज अलग
करते हुए

❖ दाएँ – वन कार्मिकों की पुरानी पीढ़ी भारी बर्फ में पौधे लगाने जाती थी

❖ नीचे दाएँ – वन कार्मिकों का अपने पेड़ लगाने का अनुबन्ध

❖ 1964 में हेबइ प्रांत के चेंग्दे के हाई स्कूल की छः छात्राओं ने कॉलेज की प्रवेश परीक्षा न देकर, साइहांबा वनीकरण सेना में शामिल होने का निर्णय लिया। सामने की पंक्ति – शि देरोंग (बाएं) झेन रुइलिंग (दाएं)। दूसरी पंक्ति – वांग गुइझेन (बाएं) वांग वान्शिआ (दाएं)। तीसरी पंक्ति – चेन् यान्शिआन (बाएं), ली रुयि (दाएं)।

❖ जिलिन बाइचेंग वन यांत्रिकी स्कूल से उत्तीर्ण छात्रों का समूह चित्र, जिन्हें 1962 में साइहांबा वन फार्म का कार्य सौंपा गया था *(जनवरी 1963 में लिया गया चित्र)।*

वन लगाने वाली पहली पीढ़ी: वीराने में राह दिखाने वाले

1962 से 1982 तक साइहांबा में 64,000 हैक्टेयर में 3 करोड़ 20 लाख पेड़ लगा दिये गये जिनमें से 70.7 प्रतिशत सुरक्षित रहे (देश के ऐसे ही इलाकों में हुए वृक्षारोपण में सर्वाधिक) और सरकार द्वारा सौंपे गये कार्य से यह कहीं अधिक रहा।

साइहांबा में वृक्षारोपण के कार्य से जुड़ी श्रमिकों की पहली पीढ़ी ने अपने बच्चों या नाती-पोतों के नाम ऐसे रखे जिनका अर्थ "वन", "वृक्ष", "देवदार" या "पहाड़" होता था। उस समय का नारा भी था – "पेड़ युवाओं ने उगाये साल दर साल, बच्चों ने भी निभाया यही कमाल।"

साइहांबा में वृक्षारोपण में जुटी श्रमिकों की पहली पीढ़ी का जीवन कठिन था। भोजन और अस्पताल की कमी और सर्द मौसम के कारण, इनमें से अधिकांश सन 2000 के आसपास तक सेवानिवृत्त हो गए थे, लेकिन 100 से अधिक अब भी अग्रिम पंक्ति में बने हुए हैं। इनमें से कुछ का 55 वर्ष की औसत आयु में निधन हो गया, और अन्य हृदय और जोड़ों के रोगों से पीड़ित थे। पहली पीढ़ी के 300 से अधिक साइहांबा निर्माताओं ने लगातार 10 से अधिक वर्ष तक काम किया। 1976 तक, साइहांबा ने बड़े पैमाने पर भर्ती की।

पहली पीढ़ी के अधिकांश सेवानिवृत्त श्रमिकों ने साइहांबा के निकट वेइचांग मांचू और मंगोल स्वायत्त काउंटी (संक्षेप में वेइचांग) में रहने का विकल्प चुना, क्योंकि वे किसी भी समय अपने प्यारे जंगल को फलते-फूलते देखना चाहते थे। यहाँ आते ही उनकी ऋजदगी मानो साइहांबा की हो कर रह गई थी।

1

झाओ झेन्यु और पाइ वेन्जुआनः
साइहांबा हमारा आशियाना

सितम्बर 1962 में 22 वर्षीय झाओ झेन्यु और 19 वर्षीया पाइ वेन्जुआन, चेंग्दे कृषि प्रौद्योगिकी महाविद्यालय के कृषि विज्ञान, वानिकी, रेशम ेिम पालन, फलदार वृक्ष जैसे विषयों के 51 अन्य स्नातकों के साथ जिएफांग ट्रकों के ज़रिये साइहांबा पहुंचे। ट्रकों में दो दिन की यात्रा में वेइचांग पार करने के बाद ज्यों ही साइहांबा के निकट पहुँचने लगे तो रास्ते का दृश्य दृश्य नीरस और धूमिल होने लगा था। इसके बाद, कृषि और वानिकी के 24 वर्ष की औसत आयु वाले 127 स्नातक, साइहांबा की कायापलट के लिये इस टीम में आ मिले।

बड़ी उम्मीदों से आये ये युवक वहाँ का दृश्य देखकर अचम्भे में पड़ गये। साइहांबा ने झाओ झेन्यु तक को चौंका दिया जबकि वह चेंग्दे का ही मूल निवासी था। वो दिन याद करते हुए वह बताता है: "पहली नज़र में वहाँ उजाड़ के अलावा कुछ नहीं था, न कोई पेड़ न कोई इन्सान।"

शुरु में साइहांबा में कुछ ही मकान थे। इनमें से कुछ लोगों को गोदामों, गैराज, अस्तबल या अस्थायी शिविरों में रहना पड़ा। इससे झाओ झेन्यु को टीवी पर धारावाहिक गोबी माँ में दिखाये गये कोटरियों में रहने वालों की याद ताज़ा हो गयी। वे बताते

हैः "हमने सबसे पहले 20 मीटर लम्बी और 5 मीटर चौड़ी एक खाई खोदी और फिर उस पर पत्थर की दीवारें खड़ी करके कुटू की सूखी झाड़ियों का छप्पर डाल कर छत बनाई। अब ये 20-30 लड़कों के लिये रहने की जगह बन गई थी। जगह की कमी होने से सोते समय यदि किसी को बाहर जाने की जरूरत पड़ती तो औरों के ऊपर से लाँघ कर जाना होता था।" कुछ लड़कियाँ जो वहाँ गई थीं वे स्थानीय घरों में एक बड़े से बिस्तर पर सट कर सोती थीं। पाइ वेन्जुआन बताती हैं, "हम आठ लड़कियाँ एक छोटे से घर में मुश्किल से रह पाते थे। एक दूसरे की मदद के बिना करवट तक नहीं ले पाते थे। एक बार में सब एक ही तरफ चेहरा करके सो पाती थीं।"

शुरू में साइहांबा की खराब आबोहवा और रेगिस्तान की वजह से यहाँ वहाँ कुछ लोग रहते थे। यही नहल, यहाँ कुटू के अलावा सिर्फ आलू ही उगाये जा सकते थे। बाकी खाद्यान्न का अभाव था। सब्ज़ियों की आपूर्ति भी बहुत कम थी। जिन दिनों मौसम ज्यादा खराब नहीं होता था तो लोग गमलों में कुछ एक चीज़ें उगा लेते थे। नमकीन सोयाबीन उनके लिये दुर्लभ व्यंजन था। भोजनापूर्णत के लिये उन्होंने बंजर इलाके के एक हिस्से को

खेती के लायक बनाया और कुछ पेड़ लगा दिये।

भारी बर्फबारी के दिनों में साइहांबा बाकी जगहों से अलग थलग पड़ जाता। कड़ाके की ठंड में तो यहाँ मुंह से निकली लार तक तुरन्त जम जाती। भारी भरकम रज़ाई भी ठंड में लोहे सी कड़क हो जाती और उन्हें गर्म करने के लिये पहले पत्थरों को गर्म करना पड़ता था। झाओ झेन्यु बताते हैं: "यहाँ आने से पहले हमने साइहांबा में जिन मुश्किलों का सामना करना पड़ सकता था उनकी कल्पना तो की थी लेकिन इतने बद्तर हाल की उम्मीद नहीं थी कि यहाँ रहना और खाना तक मिलना मुश्किल हो सकता है।" झाओ झेन्यु को आज भी 1965 में यहाँ जानवर हांकना याद है।

साइहांबा मुख्यालय ने प्रत्येक फार्म स्टेशन को दो गाय आवंटित की थीं। दिसानिशयांग वन फार्म की ओर से झाओ झेन्यु को गाय लेनी थीं। किस्मत से गाय लेने जाने के लिये उसे एक बस में जगह मिल गई। लेकिन लौटते समय उसे गायों को लेकर पैदल आना पड़ा था। बदकिस्मती ऐसी कि गाय लेकर रवाना होने के कुछ ही देर बाद बर्फीला तूफान आ गया और 180 सैंटीमीटर ऊँचे कद वाले झाओ झेन्यु के सीने तक बर्फ इकट्ठी हो गई।

झाओ ने बर्फ में जम कर मर जाने के डर से सोने की कोशिश नहीं की। खाना खत्म हो चुका था इसलिये बर्फ खा कर ही भूख शान्त की। जंगली जानवर के हमले का भी डर था इसलिये चौकस रहना पड़ा। 43 किमी लम्बा रास्ता पहले से कहीं ज्यादा लम्बा लगा। कई बार तो हाथों के बल भी चलना पड़ा और इस तरह 22 घंटे के बाद वो गाय लेकर साइहांबा पहुँचा। वे बताते हैं: "अगर गायों को अकेला छोड़ देता तो शायद जल्दी लौट आता। लेकिन वो तो सरकारी सम्पत्ति थी इसलिये उन्हें छोड़ना मुमकिन नहीं था।" फार्म पर पहुँचने तक वह बर्फ में लिपटा स्नोमैन सा दिख रहा था।

झाओ झेन्यु ने बताया, "साफ़ दिल लोग थे जो व्यक्तिगत लाभ-हानि में विश्वास नहीं रखते थे। पार्टी ने हमें जो काम सौंपा उसे पूरी शिद्दत से पूरा करने का भरसक प्रयास किया। इसे भक्ति या समर्पण नहीं कहेंगे, हम केवल अपना काम कर रहे थे।" झाओ झेन्यु ने वन फार्म का कोई काम नहीं छोड़ा, बैलगाड़ी हाँकने, खेती बाड़ी करने, लकड़ी काटने, इमारत बनाने, वन प्रबन्धन से लेकर अपने हिस्से के काम का प्रभारी, वन फार्म केन्द्र का प्रधान, फाइबर बोर्ड फैक्ट्री का प्रमुख और मुख्यालय के उप-निदेशक के पद तक सभी काम किये। साइहांबा के लोग सम्मान में उसे 'चलता-फिरता नक्शा' और 'सर्वज्ञ' कहते थे क्योंकि वह वन फार्म के चप्पे चप्पे से वाकिफ था।

झाओ झेन्यु की पत्नी पाइ वेन्जुआन ने बतायाः "साल में केवल पाँच दिन के लिये वसन्तोत्सव पर वह घर आ पाता था।" दोनों को साइहांबा में ही एक दूसरे से मोहब्बत हो गई थी। अब इनके दो पुत्र और दो पुत्रियाँ और नाती-पोते भी मुख्यतः साइहांबा में काम करते हैं।

वन फार्म के, पहले पार्टी सचिव वांग शांघाई 1962 में टीम में शामिल हुए। 1964 में वे अपनी पत्नी और पाँच बच्चों को भी चेंगदे से साइहांबा ले आये ताकि लोगों को यकीन दिलाया जा सके कि वे यहाँ काम करने को कटिबद्ध हैं। इंजीनियर झांग छिएन जो पहले वानिकी मंत्रालय में कार्यरत थे उन्होंने भी बीजिंग में अपनी आरामदेह ज़िन्दगी त्याग दी और सपरिवार साइहांबा आ गये। ऋशग यांज़ि और होउ जुआन दोनों युवाओं के लिये मिसाल थे, हाई स्कूल की छः लड़कियों ने स्कूल की पढ़ाई पूरी करने के बाद गाओकाओ जाने की बजाय अपना यौवन साइहांबा के नाम कर दिया और इस तरह सूची में कई नाम और भी हैं...

झाओ झेन्यु वो दिन याद करते हुए कहते हैं, "पहली पीढ़ी के श्रमिकों ने साइहांबा की बेहतरी के लिये हर मुश्किल का मिल कर सामना किया, मिल कर जीया, मिल कर काम किया।" साइहांबा

के लोगों का एक ही नारा था, "सबसे पहले वन, फिर शरण और जीवन से पहले काम।"

1974 में झाओ झेन्यु को एक अहम दौर में मुज़िगोउ फॉरिस्ट रेंज का निदेशक नियुक्त किया गया। 1970 के दशक में पौधरोपण और चरागाहों के एक विवाद में वनीकरण का विकास भी घसीट लिया गया। इससे निपटने के लिये उसने ज़मीन का सर्वेक्षण करवाया और स्थानीय उत्पादन टीमों को एक एक करके सरकार की वनीकरण नीति स्पष्ट की। अधिग्रहण और प्रगतिशील उपाय अपनाते हुए उसने अलग अलग समय पर वनीकरण और चरागाह का प्रबन्ध किया। यहां तक कि वह वन लगाने वालों के साथ पहाड़ों पर भी रहा। धीरे धीरे कुछ उपलब्धियाँ हासिल हुईं।

1980 में पहली बार फैसला किया गया कि वन फार्म का बुनियादी स्तर का निकाय, स्पर्धा के आधार पर चुना जाए। इसमें झाओ झेन्यु दिसान्शियांग वन फार्म का पहला प्रमुख चुना गया। चार साल के अपने कार्यकाल के दौरान उसने बेकार लकड़ी प्रसंस्करण यंत्र स्थापित किया, राजस्व में वृद्धि हुई, और कई अन्य उपक्रमों को प्रोत्साहित किया गया। इस तरह दिसान्शियांग वन फार्म ने साइहांबा के कार्यक्रमों को गति देने का काम किया।

झाओ झेन्यु को फाइबर बोर्ड फैक्ट्री फिर से चालू करने में कई मुश्किलों का सामना करना पड़ा। कुप्रबन्धन के कारण यह 1084 में बंद हो गई थी और इसी सिलसिले में उसे वहाँ का निदेशक नियुक्त किया गया था।

"मैं वनीकरण में माहिर हूँ, फाइबर बोर्ड बनाने के बारे में नहीं जानता। फिर भी, अगर मुझ में विश्वास व्यक्त किया गया है तो मैं यह काम पूरा करके दिखाऊँगा।" झाओ झेन्यु ने जितना संभव हो सका उतना धन जुटाया, यहाँ तक कि फैक्ट्री फिर से शुरू करने के लिये बैंक से कर्ज़ भी उठाया। बाद में उसने धन वितरण प्रणाली में सुधार किया जिससे श्रमिक उत्साहित हुए और

उत्पादन बेहतर हो गया, बाज़ार फिर से खुल गया और घाटे में चल रही फैक्ट्री में एक बार फिर प्राणों का संचार हुआ।

वन लगाने के काम से जुड़ी तीसरी पीढ़ी में झाओ झेन्यु की 27 वर्षीय पोती वांग चोंग ने झाओ झेन्यु की आँखों में पहली बार 28 अप्रैल 2014 के दिन आँसू देखे थे। पूरा परिवार सीसीटीवी पर "समकालीन आदर्श प्रतिमान" नामक कार्यक्रम देख रहा था जिसमें साइहांबा वनीकरण समुदाय को उसके उन्नत कार्यों के लिये "समकालीन आदर्श प्रतिमान" सम्मान प्रदान किया गया। झाओ कहते हैं: "वास्तव में हम इस उपाधि के अधिकारी हैं।" अभी तक वांग चोंग को नहीं पता था कि वनीकरण के कार्य से जुड़ी पहली पीढ़ी ने किन मुश्किलों का सामना किया था।

सेवानिवृत्ति के बाद झाओ झेन्यु शिजियाझुआंग, ऋंशग्ताइ और अन्य स्थानों पर हरियाली के कार्य से जुड़े रहे। वे कहते हैं: "मैं साइहांबा का अपना अनुभव अन्य जगहों पर बाँटना चाहता हूँ ताकि पहाड़ियों को अधिक हरा-भरा, पानी को अधिक स्वच्छ बनाते हुए उनसे ऊर्जा ग्रहण की जाए।"

झाओ झेन्यु और पाइ वेन्जुआन काम के सिलसिले में 11 स्थानों पर गये लेकिन साइहांबा को उन्होंने कभी नहीं छोड़ा। अब वे वेइचांग में रहते हैं जहाँ वे विशाल वन को देख सकते हैं। पाइ वेन्जुआन कहती हैं: "साइहांबा के लोगों का हृदय निर्मल है। हमें यहाँ के लोगों से प्यार है। हम कई पीढ़ियों से यहीं रह कर काम करते रहे हैं। यहाँ के पेड़ हमारे बच्चों जैसे हैं और साइहांबा हमारा घर है।"

झाओ झेन्यु का कहना है: "साइहांबा निवासियों की कई पीढ़ियों ने देश के आह्वान पर वानिकी के काम में अपने व्यक्तिगत आदर्श शामिल किये। कुछ ने जीवन बलिदान कर दिया या विकलांग हो गए। हम भाग्यशाली हैं।"

❖ चित्र में झाओ झेन्यु और पाइ
वेन्जुआन युवावस्था में

❖ साइहांबा वन फार्म के पूर्व उप-प्रमुख झाओ झेन्यु और उनकी पत्नी पाइ वेन्जुआन

(2)

वांग ताइछि और लियु युहोंगः
समर्पित कार्य के 50 वर्ष

"आज का यह हरा भरा सागर साइहांबा के लोगों की कई पीढ़ियों के अथक परिश्रम का परिणाम है। हमें गर्व है कि हम उनमें से एक हैं।" ये कहना है साइहांबा के श्रमिक संघ की पूर्व अध्यक्ष लियु युहोंग का।

79 वर्षीया लियु युहोंग मज़ाक में कहती हैं कि वे एक "झूठ" की वजह से साइहांबा आई। उनके पति वांग ताइछि 1962 में जिलिन बाइचेंग वानिकी यंत्र स्कूल की ओर से साइहांबा भेजे जाने वाली पहली पीढ़ी में शामिल थे। वे सन 2000 में सेवानिवृत्त हुए। उन दिनों लियु युहोंग घुंघराले बालों वाली एक फैशनेबल युवती हुआ करती थीं जो अपने डेढ़ साल के बेटे को बाइचेंग से बहुत दूर साइहांबा लेकर आई थीं। चेंगदे पहुँचने पर उन्हें बताया गयाः "साइहांबा में कड़ाके की ठंड पड़ती है। वहाँ का मौसम बड़ा ही क्रूर है!"

साइहांबा पहुँचने पर इस बात की पुष्टि भी हो गई। यहाँ दिन रात बर्फीले तूफान आते थे। "ये मुझे हमेशा कहते थे कि साइहांबा बढ़िया जगह है। दरअसल यह तो उत्तरपूर्व चीन में स्थित मेरे शहर से भी ज्यादा ठंडा है। सुबह सो कर उठती तो मेरे चेहरे तक पर पाला जमा होता था। कई बार तो भेड़िये ऐसे चिल्लाते मानो घर तोड़ कर भीतर आ जाएंगे।" उन्होंने यह जगह छोड़ कर चले जाने की सोची, लेकिन आखिरकार साइहांबा से प्यार हो गया। वे बताती हैं: "जब यहाँ पहुँच ही चुके थे तो फिर डर कैसा। हमने छप्पर की छत वाले कच्चे मकान बनाये और खुदाई करके तलघर बनाए, जई का चोकरयुक्त आटा और जंगली सब्ज़ियों का सेवन करते। हमने किसी तरह उन कठिन परिस्थितियों में भी जीना सीख लिया।"

78 वर्षीय वांग ताइछि बताते हैं: "मैं कभी कल्पना नहीं कर सकता था कि कभी किसी ऊपर नीचे के मकान में रहूंगा।" साइहांबा की पहली पीढ़ी ने पानी की जगह पिघली हुई बर्फ पी कर, काले कुटू का आटा और जंगली सब्ज़ियाँ खा कर बहुत ही कठिन जीवनयापन किया था। मैडिकल सुविधाओं की कमी के कारण कई तो 55 साल की उम्र में ही दुनिया छोड़ गये, जबकि कई लोगों को दिल और जोड़ों की बीमारियाँ हो गई। साइहांबा खड़ा करने वालों की पहली पीढ़ी के 300 से अधिक श्रमिक अपने अपने पद पर बने रहे और लगातार दस साल से अधिक अवधि

तक अपनी सेवाएँ दल। 1976 तक साइहांबा के लिये बड़े पैमाने पर भर्ती होती रही। लियु योहांग बताती हैं, "उस समय किसी की व्यक्तिगत आय चाहे जितनी हो, वह कॉलेज या तकनीकी स्कूल का स्नातक हो या मज़दूर, ऊँचे पद पर हो या निम्नस्तरीय पद पर, हर कोई मिल कर काम करता था। हर स्तर के काडर एक ही जगह स्टाफ कैन्टीन में भोजन करते थे जहाँ किसी के साथ कोई भेदभाव नहीं होता था। साधारण श्रमिकों की भाँति काडर भी रात को अस्थायी शिविरों में रहते और दिन में वन बनाने का काम करते। रात में ये लोग अकसर डीज़ल लालटेन के आसपास इकट्ठे हो कर बैठक या हंसी मज़ाक करते। मेरी पीढ़ी के लोगों ने भावी पीढ़ियों के लिये नलव बिछाने का काम किया और उन लोगों का भी यहाँ काफ़ी योगदान रहा।"

लेकिन साइहांबा की पहली पीढ़ी के लोगों को एक बात का अफ़सोस है कि वे अपने बच्चों की अच्छी देखभाल नहीं कर सके।

कठिन काम और व्यस्त होने के कारण इन लोगों के पास न तो समय ही बचता था न ही इतनी ताकत कि वे अपने परिवारों विशेषकर बच्चों की देखभाल कर सकें। वहाँ किसी तरह का नियमित स्कूल तो था नहल। बस कुछ अस्थायी झोंपड़े खड़े करके प्राथमिक स्कूल शुरू किये गये थे जहाँ लकड़ी के फट्टों के बैंच और कुणसयाँ होती थीं। साल दर साल वयस्क लोग कई कई दिन तक लगातार घर से बाहर निकल तेज़ हवाओं और रेत का सामना करते हुए पौध लगाने और उनकी देखभाल का काम करते। घर में पीछे छोड़े हुए बच्चे गर्मियों में आपस में लुका-छिपी खेलते और सर्दियों में बर्फ के गोले बना कर एकदूसरे पर फेंकते। पढ़ाई तो कभी कभार ही करते थे। बड़े होने पर साइहांबा की दूसरी पीढ़ी को लगा कि वे तो "आवारा" हैं। साइहांबा की विषम परिस्थितियों के कारण स्थायी अध्यापक रखना बहुत मुश्किल था। साइहांबा कर्मचारी बाल पाठशाला की पूर्व पार्टी सचिव लियु युहोंग बताती हैं: "1983 से पहले यहाँ के कर्मचारियों का कोई बच्चा कॉलेज की प्रवेश परीक्षा उत्तीर्ण नहीं कर सका था।"

1980 के दशक में श्रमिकों की कमी के कारण बड़ी संख्या में यहाँ के कर्मचारियों के बच्चे साइहांबा की दूसरी पीढ़ी बन गये और उन्होंने वनीकरण का मिशन जारी रखा। लेकिन जब दूसरी पीढ़ी के अपने बच्चे हो गये तो वे उन्हें अच्छी शिक्षा दिलाना चाहते थे इसलिये उन्होंने अपने बच्चों को वेचांग काउंटी, चेंगदे सिटी या अपने पुश्तैनी शहरों में भेजना शुरू कर दिया और ये बच्चे केवल उत्सवों या गर्मियों और सर्दियों की छुट्टियों में ही मिलने आते। 2007 में विद्यार्थियों की संख्या कम हो जाने की वजह से साइहांबा कमर्चारी बाल पाठशाला बंद करनी पड़ी।

साइहांबा के कर्मचारियों की पहली पीढ़ी के सेवानिवृत्त लगभग एक तिहाई कर्मचारी आज वेचांग स्थित कर्मचारी आवासीय परिसर में रहते हैं। लगभग हर वर्ष इन्हें नए कर्मचारियों को अपने शुरुआती दिनों के किस्से सुनाने के लिये आमंत्रित किया जाता है।

लियु युहोंग बताती हैं: "साइहांबा के लोग वनों को अपने प्राणों सा प्यार करते हैं। 57 साल में यहाँ आज तक जंगल की कोई बड़ी आग नहीं लगी है। है ना गर्व की बात?" वे कहती हैं साइहांबा के लोगों के लिये वन उनके बच्चों की तरह हैं जिन्हें बचाने के लिये वे अपनी ज़िन्दगी भी दाँव पर लगा दें। "हालांकि हमने बहुत कष्ट झेले लेकिन उसका कोई अफसोस नहीं है क्योंकि हमने इस साइहांबा को अपने हाथों से खड़ा किया है जिसका फल भावी पीढ़ियों को भी मिलेगा। हमें उम्मीद है कि आने वाली पीढ़ियाँ साइहांबा को बनाये रखेंगी।"

❖ वांग ताइछि और लियु युहोंग जब युवा थे।

❖ वांग ताइछि और लियु युहोंगे

(3)

वांग शांघाईः मातिकेंग में निर्णायक "लड़ाई"

साइहांबा वन फार्म के अन्तर्गत छिआन्चेंग्बान वन फार्म से सम्बद्ध मातिकेंग वन क्षेत्र में देवदार के पेड़ों का "वांग शांघाई स्मारक वन" है।

साइहांबा का पहला पार्टी सचिव वांग शांघाई यहीं दफन है। चेंग्दे कृषि ब्युरो के पूर्व निदेशक 40 वर्षीय वांग शांघाई को 1962 में साइहांबा का प्रथम पार्टी सचिव नियुक्त किया गया था। 13 साल तक यहाँ काम करने के दौरान उन्होंने 36,000 हैक्टेयर भूमि पर वनीकरण का काम पूरा किया। हालांकि अन्य पदों पर भी उनका स्थानान्तरण हुआ, लेकिन साइहांबा सदा उनके मन में बसा रहा। वे अकसर वहाँ चल रहे कार्य के बारे में जानकारी लेते रहते थे। 1989 में 68 वर्ष की आयु में बीमारी के कारण उनकी मृत्यु हो गई। उनकी अन्तिम इच्छा के अनुसार उनकी भस्म मातिकेंग में बिखेर दी गई। उन्हीं की स्मृति में यहाँ देवदार का वन लगाया गया।

चेनू याशिआन का मानना है कि वन लगाने वालों की पहली पीढ़ी के अधिकारी वांग शांघाई के व्यवहार में अधिकारी होने का कोई घमंड नहीं थाः "वे हमेशा मलिन कपड़े पहने होते थे और आम मज़दूरों के बीच उन्हें पहली नज़र में कोई पहचान नहीं सकता था।"

युवाओं को वहाँ काम के लिये रोके रखने के उद्देश्य से उन्हीं ने सुझाव दिया कि परिवार को भी यहीं साथ ले आओ। वांग शांघाई और लियु वेन्शि साइहांबा में सबसे पहले अपना परिवार लाये थे। वांग के लिये जब एक स्टाफ क्वार्टर खाली कर दिया गया तो वे वहाँ पुस्तकों की एक अल्मारी, दो सूटकेस, और खाने पकाने के कई बर्तन लेकर आये।

वांग शांघाई की पुत्री बताती हैं, "मुझे याद है हम कच्चे मकानों में रहते थे। सर्दियों में अकसर बाहर भारी बर्फ की वजह से दरवाज़े तक नहीं खुल पाते थे। दरवाज़ा खोलने के लिये हम खिड़की से कूद कर बाहर निकलते और फावड़े से बर्फ हटाते। भोजन की कमी पूरी करने के लिये मेरी माँ जो महिला-टीम की प्रमुख थीं, वे अन्य परिवारों की महिलाओं के साथ मिलकर कचालू, गाजर, और जई उगाती थीं। बचपन से ही हम अपने माता-पिता के साथ पहाड़ पर पेड़ लगाने जाते थे।" वांग शांघाई की बेटी भी आज वन लगाने के काम से जुड़ी हैं और मुलान वन ब्युरो में कार्यरत हैं।

वन लगाने के काम से सम्बद्ध पहली पीढ़ी ने अपने उत्साह और जोश से विषम परिस्थितियों में जीना सीखा, लेकिन अनुभव

की कमी की वजह से इतनी ऊंचाई वाले इलाके में वनीकरण के काम में इससे भी अधिक मुश्किलों का सामना करना पड़ा था।

हालांकि साइहांबा में सोवियत रूस से आयात किये गये पाँच बड़े ट्रैक्टर, वानिकी सम्बन्धी औज़ारों के 1000 सैट, और पूर्वोत्तर चीन से आए पौधे भी थे, लेकिन देवदार की पौध लगाने के दो साल बाद भी उनमें से बहुत कम पेड़ बच पाते थे। 1962 के वसन्त काल में 66.67 हैक्टेयर भूमि पर पौध लगाई गई लेकिन उसमें से केवल 8% ही जी सकी। दो साल तक पौधे विकसित न होने से साइहांबा के लोग हताश हो गये। कुछ ने तो यह काम छोड़ देने की भी सोची। लोग अवसाद में डूबने लगे।

1963 की सर्दियों में तो ऐसी भारी बर्फबारी हुई कि साइहांबा के कई युवाओं के सपने चूर हो गये और वे वसन्तोत्सव मनाने के लिये अपने शहर में घरों को लौट गये। घर की याद और वनीकरण फलीभूत न होने से कुछ हताश लोग यह काम छोड़ देने पर विचार करने लगे। कुछ ने तो इस सम्बन्ध में कविताएँ तक रच डालल –

झुके हुए आसमान तले, रात भर में
साइहांबा ने बर्फ की चादर ओढ़ ली,
दो साल पहले लगाए पौधे ही न जीए
तो क्यों न बेहतरी की तलाश में कहीं और चला जाए?

सब जानते थे कि साइहांबा में मिला पहला इकलौता देवदार का पेड़ यह सब झेल चुका था। लेकिन इस बात से हैरान थे कि दूसरे पेड़ उस की तरह क्यों नहीं जी पाते।

उस कड़ाके की ठंड में लोग सफलता की कामना कर रहे थे। वांग शांघाई और कई अन्य प्रमुख नेता लोगों का गिरता मनोबल बढ़ाने की कोशिश करते और ज्यादा पेड़ बचाने की तरफ उनका ध्यान बंटाते। काफी माथापच्ची करने के बाद, उन्होंने देखा कि बचे हुए देवदार के पेड़ काफी स्वस्थ थे और कुछ टूंटों का घेरा तो एक मीटर तक था। वांग शांघाई ने पूरे विश्वास के साथ पुष्टि की – "चूँकि देवदार के पेड़ कुदरती तौर पर पहाड़ों पर उग सकते हैं तो क्यों न इन्हें लगाने के लिये मशीनें उपयोग में लाई जाएं?"

असल में जो पौध लाई गई थी उसे यहाँ तक लाने के दौरान उन में पानी की कमी और गर्मी से नुकसान पहुँच चुका था जिसकी वजह से वो कड़ाके की ठंड, तेज़ हवाओं और खुश्की का सामना नहीं कर पाए। अब इन लोगों ने अपने अनुभव के आधार पर यहाँ के मौसम के अनुरूप अपनी पौध तैयार करने का फैसला किया। इसके लिये सबसे पहले तो किसी उपयुक्त नर्सरी से पनीरी ली, उसे सर्दियों में संरक्षित किया और फिर वसन्त आने पर यह पौध लगाई गई। इस प्रकार उन्होंने छाया में पनीरी तैयार करने के पारम्परिक तरीके में थोड़ा बदलाव करके उसे "भरपूर प्रकाश" में तैयार किया। इस तरह उन्होंने उच्च-गुणवत्ता वाली बढ़िया पौध तैयार की जिनकी मज़बूत जड़ें और शाखाएं विकसित हो चुकी थीं जिससे बड़े पैमाने पर वनीकरण के लिये बड़ी संख्या में पौध भी तैयार हो सकी।

उन दिनों साइहांबा में सोवियत रूस से कुछ पौध लगाने वाली मशीनें लाई गई थीं। लेकिन मूलतः मैदानी इलाकों के लिये डिज़ाइन की गई यह मशीनें साइहांबा के ऊबड़ खाबड़ इलाके में कामयाब नहीं रहीं। 5-6: ढलान बढ़ने पर यह काम नहीं करती थीं जिसकी वजह से बहुत कम पौधे ही जी पा रहे थे। अतः तुरन्त मशीनें बदल कर ऐसी ली गईं जो हल्के ढलान पर भी काम कर सकें।

अनेक निरीक्षण और चर्चाएँ करने के बाद, वांग शांघाई ने 1964 के वसन्त काल में निर्णायक "लड़ाई" लड़ने के लिये एक

ऐसी जगह चुनी जो तीन तरफ पहाड़ से घिरी थी और मुख्यालय से 5 किमी दूर थी। उनकी अगुआई में 120 वनकर्मियों ने शून्य से 2 डिग्री नीचे तापमान होने के बावजूद पहाड़ को छोड़े बिना 34.4 हैक्टेयर में देवदार के पौधे लगाये। इसी को निर्णायक "लड़ाई" कहा गया।

वांग शांघाई की पुत्री बताती हैं, "वे कच्चे अस्थायी घरों में रहे, नदी का पानी पिया और कुटू का आटा खाया। मेरे पिता स्केलर का काम करते थे यानी वे पौधे लगाने वाली मशीन को फावड़े और सीडलिंग बकैट से बार बार भरने का काम करते थे। सात दिन की कड़ी मेहनत के बाद, सभी पौधे लगा दिये गये।"

रोपण घनत्व की सटीक गणना, और रोपे गए पौधों को हाथों से दुरुस्त करके उन्होंने पौधों के जीवित रहने की दर में 96 प्रतिशत से अधिक का सुधार कर लिया। चीन में पहली बार, कॉनिफ़ेरस (शंकुधारी) पेड़ों का इतने बड़े पैमाने पर यांत्रिक रोपण सफल रहा जिससे साइहांबा में पसरी बेचैनी दूर हो सकी। इसके बाद तो वसन्त और शरद दोनों ऋतुओं में पौधरोपण का काम होने लगा, और आसपास के इलाके के किसान और छात्रों में उत्साह का संचार हुआ। साइहांबा के लोगों ने कभी किसी हाल में अपना काम नहीं रोका। 1976 तक, उन्होंने 46,667 हैक्टेयर भूमि पर वनीकरण का काम पूरा कर लिया। हेबेई प्रांत के आठ वन फार्मों में से केवल साइहांबा अपना वार्षिक लक्ष्य हासिल कर रहा था।

आज साइहांबा में 45,330 हैक्टेयर के क्षेत्र में देवदार के पेड़ खड़े हैं जो साइहांबा में किसी अन्य पेड़ की तुलना में कहीं अधिक हैं। सीधे खड़े देवदार के पेड़ों की ऊँचाई लगभग 30 मीटर तक है और ये चारों तरफ हरी भरी घास और फूलों से घिरे हैं। साइहांबा के लोगों का मानना है कि "प्रथम सचिव" वांग शांघाई जिन्होंने यहाँ देवदार के पेड़ लगाये वे भी लोगों के बीच देवदार की तरह ऊँचे तने हुए दिखते हैं। हालांकि उनकी मृत्यु हुए 30 वर्ष बीत चुके हैं लेकिन उनकी भावना आज भी इस खूबसूरत स्थल में बसी हुई है।

साइहांबा : एक हरित गाथा

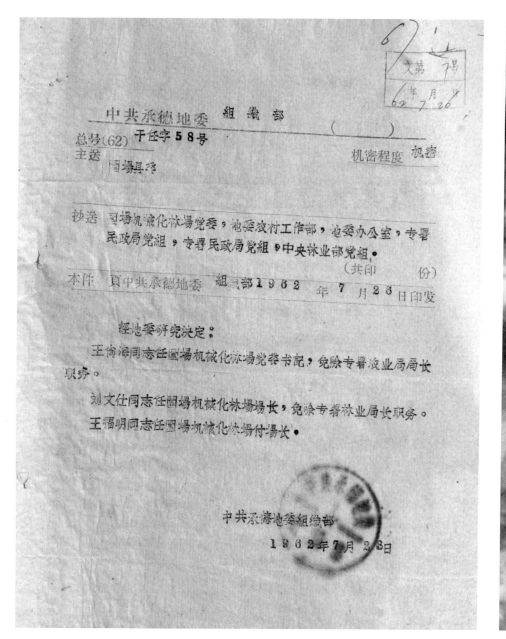

中共承德地委　組織部

总号(62) 干任字58号

主送 围场县委

机密程度 机密

抄送 围场机械化林場党委，地委农村工作部，地委办公室，专署
民政局党組，专署民政局党組，中央林业部党組。

（共印　　份）

本件 頁中共承德地委 組织部1962 年 7 月 23 日印发

经地委研究决定：

王尚海同志任围場机械化林場党委书記，免除专署农业局局长
职务。

刘文仕同志任围場机械化林場場长，免除专署林业局局长职务。

王福明同志任围場机械化林場付場长。

中共承德地委組織部

1962年7月23日

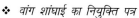

❖ वांग शांघाई का नियुक्ति पत्र

❖ *वांग शांघाई (दायें से पाँचवें) कड़ाके की ठंड में पौध तैयार करते हुए*

④

चेन् यान्शिआनः
साइहांबा के प्रति पूर्ण समर्पण

55 वर्ष पूर्व एक रात चेन् यान्शिआन और उनकी चेंग्दे संख्या-2 मिडिल स्कूल की तीसरी कक्षा की घनिष्ठ सखियाँ झेन रुइलिन, वांग वान्शिआ, शि देरोंगे, ली रुयि और वांग गुइझेन, डॉरमैट्री में गर्मागर्म बहस में डूबी थी कि "हमें अपनी इच्छाशक्ति दिखाने और स्थानीय आवश्यकताओं की पूणत के लिये कहाँ जाना चाहिए।"

चेन् यान्शिआन ने अपने पड़ोसी लियु वेन्शि को कहते सुना था कि साइहांबा में बड़े पैमाने पर जारी यांत्रिक पौधरोपण के काम में लोगों की कमी का सामना करना पड़ रहा है। इससे चेन् यान्शिआन के मन में एक विचार कौंध गया। वे याद करती हुई बताती हैं: "उन दिनों ये आम था कि हाई स्कूल पास करने के बाद छात्र या तो कॉलेज में प्रवेश लेते थे या उन जगहों पर चले जाते थे जहाँ काम करने वालों की बहुत ज़रुरत होती थी। हम भी ऋग्शग यांज़ि और हौ जुआन की तरह पहाड़ों में जा कर काम करने वाली युवा मॉडल बनने की इच्छुक थीं जो पूर्वोत्तर चीन के बृहद उत्तरी उजाड़ क्षेत्र में लिआंग जुन की तरह महिला ट्रैक्टर चालक बन कर मातृभूमि की सेवा करना चाहती थीं।"

और इस तरह इन छः लड़कियों ने साइहांबा में काम करने जाने की ठान ली।

उन्होंने साइहांबा वन फार्म के प्रमुख को आवेदन पत्र भेजा और एक महीने बाद उन्हें इसका उत्तर भी मिल गया। उन्हें साइहांबा आने का बुलावा मिल चुका था। 21 अगस्त 1964 को ये सभी 18 वर्षीय लड़कियाँ एक खुले ट्रक में सवार हो कर चेंग्दे से साइहांबा के लिये रवाना हो गई। चेंग्दे में उन दिनों बहुत गर्मी थी। दो दिन बाद जब यह साइहांबा पहुंची तो ठंड से कांप रही थीं। पार्टी सचिव वांग शांघाई और फार्म प्रमुख लियु वेन्शि ने उन्हें सत्कार में डिनर करवाया। चेन् यान्शिआन को याद है कि डिनर में आलू, मशरूम, चीनी बंदगोभी आदि के अलावा जई के बने पैनकेक भी थे। वे बताती हैं: "जिस जई के पैनकेक बने थे वो वहल वन फार्म में उगाई गई थी। ये काले और चिपचिपे थे जिन्हें निगलना मुश्किल होता था।" बाद में उन्होंने महसूस किया कि आम दिनों में कर्मचारियों को ऐसे "पकवान" नसीब नहीं होते थे। इन लड़कियों को छिआन्सेंग्बान वन फार्म में पौध तैयार करने का काम सौंपा गया। पहले दिन इन्हें नर्सरी की मिट्टी में खाद मिलाने को कहा गया। चेन् यान्शिआन बताती हैं, "भारी भरकम और बदबूदार खाद की बाल्टियाँ ले जाते हुए हमें अन्य कर्मचारियों के कदम से कदम मिला कर चलना पड़ता और पौधे के चारों तरफ

खाद डालनी होती थी।" दिन भर की कड़ी मेहनत के बाद इतना थक जाती थीं कि शरीर दुखने लगता था।

कुछ पुराने अनुभवी कर्मचारी उनका मज़ाक उड़ाते हुए कहते कि भारी काम इन लड़कियों के बस का नहीं है। लेकिन लड़कियों ने हार नहीं मानी और दृढ़ इच्छाशक्ति और ताकत दिखाने को तत्संकल्प रहीं।

पौध तैयार करना मुश्किल काम होता है और इसके लिये मिट्टी तैयार करने, क्यारी बनाने, बीज बोने और उन्हें जल्दी अंकुरित करने जैसे काम के लिये तकनीकी जानकारी होनी चाहिए। भारी मोटे कपड़े पहने ये लड़कियाँ मिट्टी में से पौध निकाल कर पौध लगाने वाली मशीनों में रखतीं। 10 घंटे से अधिक की कड़ी मेहनत के बाद ये इतनी थक जातीं कि सूखी आँखों और चक्कर खाते सिर के साथ अपने ठंडे झोंपड़ों में तुरन्त सो जातीं जबकि बाहर बर्फ गिरती रहती थी।

सर्दियों में तापमान अकसर शून्य से 40 डिग्री नीचे चला जाता और बर्फीली हवाओं में सांस लेना दूभर हो जाता था। इसके बावजूद ये लोग पहाड़ों पर जा कर लकड़ियाँ बीन कर जगह साफ करने का काम करतल ताकि वसन्त आने पर वहाँ पौधरोपण किया जा सके। उन्हें अपने काम की जगह तक पहुँचने के लिये 5 किमी पैदल जाना होता था जबकि हर एक की पीठ पर सन की रस्सी का गट्ठर लदा होता था। मर्दों का काम लकड़ी चीरना था जिन्हें लड़कियाँ रस्सी से बाँध कर पहाड़ की ढलान से नीचे खलच कर लाने का काम करती थीं। पहाड़ों के रास्ते भारी जर्फ से ढके होते थे और बर्फीले तूफ़ान के बीच इन्हें खलच कर लाना आसान नहीं था। ठंड के मारे इनके कान और चेहरे जम कर सुन्न हो जाते थे।

उन दिनों को याद करते हुए चेनू बताती हैं: "हम सब के बीच दूसरों से आगे निकलने की होड़ रहती थी इसलिये मुकाबला

होता था कि कौन सबसे ज्यादा लकड़ी खलच कर लाया। हमारी रुई भरी हुई जैकेट भीग जाती थीं और कंधों पर बर्फ जम जाती थी लेकिन फिर भी हम परवाह न करके लकड़ियाँ खींचते रहते थे।" एक महीने तक कड़ी मेहनत करने के बाद लड़कियाँ मुख्यालय में लौट आईं। उनकी शक्लें इतनी बदल गई थीं कि पहचान पाना मुश्किल था। लेकिन साधारण श्रमिकों से लेकर नेताओं तक ने उनकी तारीफों के पुल बाँध दिये और उनकी क्षमता पर सबको यकीन हो गया।

1977 में कुल 38,000 हैक्टेयर के पेड़ों पर पाले का असर पड़ा। 1980 में सूखे की वजह से 8,000 हैक्टेयर में पेड़ मर गये। मारे दुख के साइहांबा के लोगों के आँसू बह निकले। लेकिन उन्होंने हार नहीं मानी। अपने अनुभवों से सबक लेकर उन्होंने वसन्त और शरद दोनों ऋतुओं में पौधरोपण शुरू किया। "चाहे कुछ हो जाए हम हर चुनौती का सामना करेंगे, हम में से कोई भी काम नहीं छोड़ेगा। इस संकल्प से साइहांबा को हराभरा करने का हमारा इरादा और मज़बूत होता गया।"

लगभग आधी सदी बीतने के बाद पौधे विशाल वृक्ष बन चुके हैं और वो उजाड़ पड़ा इलाका हरा भरा वन बन चुका है।

वर्षों बाद चेनू यान्शिआन ने बताया: "बाद में मैंने साइहांबा से सम्बद्ध खाद्य आपूर्ण कार्यालय, स्कूल, मरम्मत की दुकान, मोटर स्कवैड्रन तथा अन्य इकाइयों में काग किया। अब ये ज़िम्मेदारी हगारे बच्चों ने संभाल ली है।"

"मैं अपनी मुश्किलें भूल गई और दिमाग़ में एक ही बात रही – जितना हो सके पेड़ों को बचाओ ताकि इस खुश्क बंजर को नखलिस्तान बनाया जा सके। यह सच है हमने बेहद कठिनाई भरा जीवन जीया था। लेकिन आज जब हम यह हरियाली देखते हैं तो वो सारे दुख तकलीफ भूल जाते हैं। साइहांबा की कई पीढ़ियों ने

साइहांबा : एक हरित गाथा

अपनी अटूट इच्छाशक्ति के बल से धरती पर यह हरा भरा स्वर्ग उतारा है।" साइहांबा के उन्नत कार्यों की रिपोर्ट पर आयोजित बैठक में चेनु यान्शिआन का कहना था कि 50 साल से अधिक का कड़ा परिश्रम, आँसू और पसीना आखिरकार खुशी और गर्व में बदल सका।

किसी ने चेनु यान्शिआन से पूछा कि अगर उनके पास वक्त हो तो क्या वे एक बार फिर साइहांबा को ही चुनेंगी। सच्चाई तो ये है कि इस प्रश्न का उत्तर उनके कार्य पहले ही दे चुके हैं। 1976 में उनकी माँ ने चेंग्दे शहर में उनके लिये एक नौकरी तलाशी और उनसे लौट आने का आग्रह किया था। लेकिन अन्ततः उन्होंने साइहांबा में ही बने रहने का फैसला लिया क्योंकि वह इस वन से दूर नहीं जाना चाहती थीं।

वे कहती हैं, "हाल के वर्षों में मुझे अकसर नये कर्मचारियों को उन आरम्भिक दिनों के किस्से सुनाने को आमंत्रित किया जाता है। वहाँ कई बार मुझ से यही प्रश्न किया जाता है 'आँटी चेनु, क्या उन दिनों आपको यहाँ बुरा लगता था, क्या आप थक जाती थीं?' और मैं यही उत्तर देती हूँ कि हम केवल अपने काम पर ध्यान देते थे, वहाँ की कड़ी परिस्थितियों पर नहल। मैं आज अगर 19 साल की हो जाऊँ तो फिर से साइहांबा को ही चुनुँगी।"

❖ 1964 में साइहांबा वनीकरण सेना में स्वेच्छा से शामिल होने वाली चेंग्दे सीनियर हाई स्कूल की स्नातक छः छात्राओं में से एक चेनु यान्शिआन

全宗号	目录号	案卷号	件号
1	17	14	

62

河北省承德专员公署　　　公用笺

富军垻国营机械林场:

承德市二中有6名同学,思决要去到
贵场参加建设,据说他们已和你场联系好
了.但我们不知道贵场接中央批准的工
人名额是已满员,还是差多少?请将中央
批准给你们的工人编制名额 和现在的人
数以及你们对这6位同学安置意见(怎样
安置费何时招收)急速告诉我们为盼.

段以

致礼.

承德专员公署 农业办公室
1964

❖ चेंगदे सरकारी कार्यालय का साइहांबा
वन फार्म को लिखा गया पत्र जिसमें
चेंगदे की छः लड़कियों को नौकरी देने
की बात कही गई है।

❖ ऊपर – पानी पीने के लिये बर्फ पिघलाना

❖ बाएँ – सर्दियों में भारी बर्फ हटाना

❖ फार्म के शुरुआती दिनों में कार्मिकों के आवास

❖ ऊपर – गर्मियों में फार्म कार्मिक पानी लाते हुए

❖ बाएँ – वन फार्म में मकानों का प्रारम्भिक चरण

❖ वन फार्म में मकानों का प्रारम्भिक चरण

❖ मौसम पर नज़र

❖ वन फार्म बनाने वाले प्रारम्भिक कार्मिक

साइहांबा के लोगों की दूसरी पीढ़ीः वन संरक्षण में चुनौतियों का सामना

साइहांबा का सिद्धान्त हैं, "30 प्रतिशत पौधरोपण, 70 प्रतिशत प्रबन्धन।"

इसके वजूद में आने के समय से साइहांबा के लोग वन-संवर्धन और प्रबन्धन दोनों को एक साथ लेकर चले हैं। विशेषकर 1983 में साइहांबा के वनीकरण का कार्य पूरा होने के बाद से वन लगाने की बजाय इसके प्रबन्धन पर ध्यान केन्द्रित किया गया। "नल्व मज़बूत करने के लिए वनीकरण और प्रबंधन" की अवधारणा का पालन करते हुए, साइहांबा ने खेती, प्रबन्धन और संरक्षण की वैज्ञानिक पद्धतियों का एक उपाय तलाशा कि "बेहतर विकास के लिए कटाई" करें।

एक नन्हे अंकुर से विशाल वृक्ष बनने तक, नर्सरी, पौधरोपण, गुड़ाई, खरपतवार निकालना, काट-छाँट करने सहित हर काम वैज्ञानिक तरीके से होना चाहिए। ये सारे काम दस से बीस साल में चार या पाँच बार करने की ज़रूरत पड़ती है।

जब यह वन आकार ले रहा था तब इसका काम वनकर्मियों की दूसरी पीढ़ी को सौंपा गया था। 1980 के दशक में कर्मचारियों के बड़ी संख्या में बेटे-बेटियों ने यह उत्तरदायित्व संभाला और साइहांबा में श्रमिकों की कमी नहीं होने दी। शायद वन कंपनी के साथ बिताये कई वर्ष और पौधों को पेड़ बनते देखने से इस पीढ़ी को वन से गहरा लगाव हो चुका था।

इस बारे में साइहांब के लोग अभिभूत हो कहते हैं: "पौधे लगाना अपनी संतान पालने से अधिक कठिन कार्य है। बच्चे को कोई तकलीफ हो तो वो रो सकता है, बोल सकता है लेकिन ये पेड़ तो मूक हैं। इसलिये इनका बारीकी से ध्यान रखना पड़ता है, समय पर इनकी समस्या का समाधान करना होता है ताकि इनकी बढ़वार अच्छी हो।"

जब से साइहांबा वन फार्म बना है यहाँ वन रक्षा और उत्पादन की एक एक टीम गठित की गई है। शुरू में फॉरेस्ट रेंजर, प्रहरी और निरीक्षक गश्त लगाते, पौधों पर नज़र रखते और कोई ख़तरा भांपते ही तुरन्त उसके बारे में सभी को बताते थे। लेकिन जैसे जैसे पेड़ बड़े और ऊँचे होते गये तो वक्त के साथ साथ स्थितियाँ भी बदलीं और कई तकनीकी उपाय भी अपनाये जाने लगे।

①

वांग्हुओ भवन में एक दम्पतीः
वन पर्यवेक्षक बन कर प्रसन्न

यिन्हे वन क्षेत्र में 1,940 मीटर की ऊँचाई पर दागुआंग-दिंझि पर्वत, साइहांबा का सबसे ऊँचा शिखर है। वहाँ निपट अकेली एक पाँच मंज़िला सफेद इमारत है। शुरू में इसका नाम "वांग्हुओ (दावानल पर्यवेक्षण) भवन" था लेकिन बाद में साइहांबा के लोगों ने इसका नाम "वांग्हाई (वन-सागर पर्यवेक्षण) भवन" कर दिया। इस भवन से आप अनन्त हरित सागर का विहंगम दृश्य देख सकते हैं।

नुकीले शिखर वाले पेड़ों के इस मानव निर्मित जंगल में नागदौन (वर्मवुड) और ज्वलनशील घने पेड़ हैं। इसके अलावा, शुष्क जलवायु और तेज़ हवाओं के कारण यहाँ दावानल (जंगल की आग) की आशंका बनी रहती है। अगर कहीं आग लग जाए तो उसके परिणाम भयंकर हो सकते हैं। इसलिये यह अत्याधिक जोखिम वाला इलाका है।

हालांकि मानव द्वारा निगरानी रखना सबसे प्राचीन उपाय है लेकिन यही सबसे कारगर है।

साइहांबा के जंगल पर निगरानी रखने के लिये नौ ऊँचे वॉचटॉवर बनाये गये हैं। हर एक वॉचटॉवर 940 वर्गकिमी क्षेत्र पर नज़र रखता है। यहाँ काम करने वाले लोग, अन्य कर्मचारियों की रिहायश से दूर एक कठिन और एकाकी जीवन व्यतीत करते

हैं। गर्मियों में इन्हें भीषण गर्मी की तपिश और सर्दियों में कड़ाके की ठंड झेलनी पड़ती है।

आग लगने की आशंका वाली प्रमुख अवधि (15 मार्च से 15 जून, और 15 सितम्बर से भारी बर्फ़बारी के दिनों में जब पहाड़ी दर्रे बंद हो जाते हैं) के दौरान इन प्रहरियों को हर 15 मिनट पर टैलिस्कोप से बाहर नज़र दौड़ानी होती है। 20 किलोमीटर का घेरा हर प्रहरी का कार्यक्षेत्र है। अपने कार्यक्षेत्र में उसे जो कुछ दिखता है उसे एक रजिस्टर में लिखना होता है और दिन या रात में कहीं कोई धुँआ दिखे तो उसकी तुरन्त खबर देनी होती है। टैलिफोन, टैलिस्कोप, और लॉगबुक इनके सबसे अहम औज़ार हैं।

लिउ जुन और उनकी पत्नी छि शुयान ने 13 साल तक हर दिन यह काम किया। इतने वर्षों में काम के दौरान जितनी लॉगबुक उन्होंने भर कर पूरी की उनका एक मीटर ऊँचा गट्ठर है। बाकी 8 वॉचटॉवर पर जितना काम हुआ यह उससे किसी भी दृष्टि से कम नहीं है।

लिउ जुन बताते हैं: "पर्यवेक्षण का समय निश्चित नहीं था। कभी कभी तो अभी मैं फोन रखता ही था कि कहीं किसी जोखिम की आशंका दिखाई दे जाती।" 1958 में साइहांबा आये उनके

पिता लियु हाइयुन वहाँ के पहले पर्यवेक्षकों में से एक थे। ज़ाहिर है इसके अलावा उनके पास घोड़ों को चारा देने, आग से बचाव और पेड़ों की कटाई रोकने जैसी कई अन्य जिम्मेदारियाँ भी थीं। साइहांबा में आये बड़े बदलाव के वे गवाह रहे हैं।

लियु जुन साइहांबा की दूसरी पीढ़ी से हैं। पर्यवेक्षक बनने से पूर्व वे यहाँ15 वर्ष फ़ॉरेस्ट रेंजर रह चुके थे। सितम्बर 2006 में उन्हें सपत्नीक वांग्हाइ भवन स्थानान्तरित कर दिया गया। चूँकि आग लगने की आशंका वाला मौसम आने वाला था तो उनके पास तैयारी करने का ज्यादा वक्त नहीं था और वे तीन दिन बाद ही ऊपर भवन में आ गये। बिना किसी मदद के अपने व्यक्तिगत अनुभव के बल पर लियु जुन ने वहाँ की परिस्थितियों और पड़ोस के ग्रामीणों से बातचीत करने के बारे में बहुत कुछ सीख लिया था।

13 वर्ष के प्रयासों के दौरान यह दम्पती अपने आसपास के चप्पे चप्पे और हर प्रकार की स्थिति से वाकिफ हो गया। वे कोहरे, धुँए और रेतीली तूफान के बीच तुरन्त फर्क कर सकते थे। लियु बताते हैं: "कोहरा सफेद होता है, धुँआ ऊपरी सतह पर नीलापन लिये होता है और लगातार ऊपर उठता है, और बालुई तूफान भूरा कालापन लिये होता है।"

अपनी मेहनत और अनुभव से लगातार सीखते हुए इस दम्पती ने अपने अनुभवों के आधार पर आग की पहचान सम्बन्धी एक शृंखला साझा की। लियु जुन गम्भीरतापूर्वक बताते हैं: "परिस्थितियाँ हर बार भिन्न हो सकती हैं। जलती हुई घास में से सफेद धुँआ निकलता है जबकि पेड़ जलने पर धुँआ काला होता है, कोहरे की "जड़" नहीं होती यानी यह धरातल से ऊपर होता है। इन सभी स्थितियों को स्वयं पहचानना होता है, इसलिये पर्यवेक्षण बहुत ज़रूरी काम है।"

निरन्तर अभ्यास से लियु जुन की नज़र बहुत पैनी हो चुकी है। एक बार 2017 में उसने 30 किमी दूर हैक्सिग्तेन बैनर की दिशा में किसी जगह से धुआँ उठता देखा। अपने अनुभव के बल पर वह तुरन्त जान गया कि यह आग है और उसने तुरन्त अग्नि नियन्त्रण मुख्यालय को इसकी सूचना दी। परिणाम स्वरूप 40 मिनट से भी कम समय में आग पर काबू पा लिया गया। वे बताते हैं: "आग काबू करना अत्यन्त महत्वपूर्ण है, नहीं तो ये साइहांबा के लोगों की 50 वर्ष की कड़ी मेहनत को मिनटों में राख कर सकती है।" आग की रोकथाम के लिये लियु जुन और उनकी पत्नी 2014 से साल के बारहों महीने पहाड़ पर ही रह रहे हैं।

चेन् रुइजुन और उनकी पत्नी चु जिंग्मेइ, वांग्हाई भवन के पर्यवेक्षकों की पहली पीढ़ी से हैं। लियु जुन बताते हैं: "दम्पती ने 1984 से 1996 तक एक साथ काम किया। वे एक बंगले में अपने बच्चे के साथ रहते थे। लेकिन उनका बेटा पाँच साल का होने पर भी पापा-मम्मी के अलावा और कुछ नहीं बोल पाता था क्योंकि उसके आसपास बात करने वाले नहीं थे, वह किसी अजनबी से मिलने में शरमाता था।" इसलिये बच्चे की बेहतर देखभाल के लिये चु जिंग्मेइ यहाँ से चली गई। उसके बाद, चेन् रुइजुन और एक अन्य व्यक्ति ने 2001 तक यह जिम्मेदारी संभाली।

चेन् रुइजुन के काम सम्बन्धी कठिनाइयों को जानते हुए, लियु जुन और उनकी पत्नी ने अपने अधिकारी के कहने पर वांग्हाई भवन में स्थानान्तरण ले लिया। वो दिन याद करते हुए लियु जुन बताते हैं: "वहाँ की मुश्किलों को देखते हुए कई अग्नि पर्यवेक्षकों ने नौकरी छोड़ दी थी। इनमें से अधिकांश तो नौकरी का एक साल पूरा करने से पहले ही बीमार पड़ जाते थे। कई बार तो पद खाली पड़ा रह जाता था। लेकिन हमने कोशिश करने का फैसला किया। यहाँ कोई भी काम आसान नहीं है।" दशकों के कड़े श्रम से बनाये गये इस जंगल की रक्षा करना हर एक का दायित्व है।

मौजूदा पाँच मंज़िला वांग्हाई भवन 2013 में (चौथी बार) केवल 10 वर्गमीटर के क्षेत्र से भी कम में, केवल भूतल पर बना था। बैठक और रसोई पहली मंज़िल पर हैं, उपकरण आदि सीढ़ियों के नीचे रखे जाते हैं। शयनकक्ष दूसरी मंज़िल पर हैं जहाँ खिड़की से सटा एक पलंग है। टेलिस्कोप, टेलिफोन और एक के ऊपर एक कई लॉगबुक मेज़ पर रखे हैं।

13 वर्ष पूर्व वांग्हाई भवन लाल ईंटों का साधारण सा भवन था जिसमें गर्म होने वाला एक बिस्तर और खाना बनाने को एक स्टोव था। कार्यालय की छत लोहे की बनी थी। जब बर्फ गिरती जो वांग्हाई भवन में रहने वाले पर्यवेक्षक रज़ाई में सोते समय सिर पर फ़र की टोपी और हीटर होने के बावजूद ठंड से कांपते रहते थे। सुबह होने तक रोटी और अचार जम चुका होता था। शुरुआती वांग्हाई भवन किसी झोंपड़े से कम नहीं था, बाद में धीरे धीरे इसे ईंटों से बनाया गया (दूसरी पीढ़ी) और फिर यह दो मंज़िला मकान में बदल गया (तीसरी पीढ़ी)।

हालांकि रहन-सहन के हालत में भी धीरे धीरे सुधार हुआ पर यहाँ तैनात पर्यवेक्षक अकेलापन तो महसूस करते ही थे। विशेषकर सर्दियाँ आने पर वह छः महीने तक किसी और को नहीं देख पाते थे। शुरू में दम्पती के बीच बहुत झगड़ा होता था। पर शीघ्र ही उन्होंने एक दूसरे पर चिल्लाने की बजाय अपनी "भड़ास निकालने" को जंगल की ओर मुँह करके चिल्लाना शुरू कर दिया।

बाद में हालात बेहतर होने लगे। वांग्हाई भवन में एक टीवी सैट लगा दिया गया। लियु जुन ने चित्रकारी और छि शुयान ने कढ़ाई सीखनी शुरू कर दी। कुछ वर्षों में लियु जुन ने कई चित्रकारियाँ बना ल। इन दिनों, वांग्हाई भवन में लियु जुन की बनाई कई चित्रकारियाँ हैं जैसे दाना चुगता मुर्गा, जंगल में गश्त और बर्फबारी के बाद खिली धूप। एक दीवार पर सबसे ऊपर

टंगी कलाकृति में चार चीनी अक्षरों को कलात्मक रूप से लिखा गया है जिनका अर्थ है – इसमें आनन्द तलाशें।

ताकना शीर्षक की चित्रकारी छि शुयान को सबसे प्रिय है, इसमें एक दूसरे से सट कर बैठी दो बिल्लियाँ सामने ताक रही हैं, ठीक वैसे ही जैसे यह दम्पती दिन भर वन को देखता रहता है। छि शुयान कहती है कि वन की रक्षा करना केवल एक नौकरी नहल, बल्कि इन दोनों क चाहत भी है।

फिर भी, कभी कभार उनका खतरों से सामना होता रहता। एक दिन, एक भूखा भेड़िया अचानक सीढ़ियों के निकट दिखाई दिया जो खूँखार नज़रों से उन्हें घूर रहा था। लियु जुन ने मारे भय के दरवाज़ा तक नहीं खोला। दूसरे साल इस दम्पती ने दो कुत्ते पाल लिये। लेकिन सबसे अधिक भय तो तूफान और बादल गरजने का था। तूफान आने पर भवन के खुले बिजली के तारों में तेज़ आवाज़ के साथ स्पाथकग होने लगती थी।

उन्हें अधिक समय इसी भवन में रहना होता था। इस वजह से दोस्तों और नाते-रिश्तेदारों से सम्पर्क कम हो गया था। यहाँ तक कि उन्हें लम्बे समय तक अपने पुत्र से भी दूर रहना पड़ा। उन्हें भवन में नीरस एकाकी जीवन जीना मंज़ूर था लेकिन अपने पुत्र को बड़ा होते न देख पाने का दुख था। यहाँ रहने आने से पहले उन्हें अपने 12 वर्षीय पुत्र लियु झिगांग को 50 किमी दूर वेइचांग काउंटी के एक छात्रावासीय स्कूल भेजना पड़ा था। इसके बाद तो परिवार केवल स्कूल की छुट्टियों के दौरान ही इकट्ठा हो पाता था।

माता-पिता से मिलने के लिये लियु झिगांग ने एक दिन गलती से कोई दवा पी ली। यह सुनकर माता-पिता का दिल बैठ गया। लेकिन उन दिनों आग लगने वाला खतरनाक मौसम था इसलिये भवन छोड़ कर जाना संभव नहीं था। उन्होंने अपने किसी सम्बन्धी

से बच्चे की देखरेख करने का अनुरोध किया। लियु जुन का कहना था, "हम इस मौसम में ये जगह छोड़ कर नहीं जा सकते।"

लिउ झिगांग जब बड़ा हुआ तो माता – पिता की ज़िम्मेदारियों को धीरे धीरे समझने लगा। उसने भी शांघाई की अपनी नौकरी से त्यागपत्र दे दिया और साइहांबा में वन-अग्निशमन विभाग में नौकरी कर ली।

नौकरी में तो कोई परिवर्तन नहीं हुआ लेकिन पर्यवेक्षकों का काम और रहन-सहन अवश्य बेहतर हो गया। अब हर टॉवर पर हीक्रिटग-बॉयलर लग गया और नैटवर्क भी पहुँच गया। छि शुयान बताती हैं, "हाल के वर्षों से मेरे माता-पिता वसन्तोत्सव के समय मेरे पास ही आ जाते हैं। मुश्किलों वाला वक्त गुज़र चुका है। अब तो हम सेवानिवृत्ति तक यहीं रहेंगे। ग्यारह वर्ष पूर्व, वांग्हुओ

भवन के आसपास के देवदार तरु केवल दो मीटर ऊँचे थे। हम दूसरी मंज़िल से दूर तक देख पाते थे। लेकिन अब तो ये पेड़ इतने ऊँचे हो गये हैं कि चौथी मंज़िल से भी पूरी तरह नहीं देख पाते। बिल्कुल हमारे बच्चों की तरह। ये भी उतने ही अनमोल हैं हमारे लिये। अगर कुछ दिन भी इनसे दूर रहना पड़े तो मेरा मन नहीं लगता इनके बिना।"

विश्व के सबसे विशाल मानव निर्मित वन फार्म साइहांबा में नौ वांग्हुओ भवन हैं जिनमें लियु जुन और छि शुयान जैसी दम्पतियाँ रहती हैं। पिछले 55 वर्ष में साइहांबा में आग लगने की कोई बड़ी या गम्भीर घटना नहीं हुई है जिसका श्रेय इन दम्पतियों के निस्वार्थ सेवा भाव को जाता है। इसी लिये इन्हें "जंगल की आँखें" कहा जाता है।

❖ *वन पर्यवेक्षक लियु जुन*

❖ ऊपर – अग्नि पर्यवेक्षक लियु जुन (बाएँ), 15 जुलाई 2018 को साइहांबा के एक वांग्हाई भवन से छि शुयान ने जो देखा उसे दर्ज करते हुए (छायाकारः वांग शिआओ)।

❖ दाएँ – वन पर्यवेक्षक लियु जुन और छि शुयान

❖ *26 अगस्त 2018 को अग्नि पर्यवेक्षक लियु जुन साइहांबा वन फार्म के एक वांगहाई भवन के निर्माण कार्य में लगे हुए (चित्र बीजिंग युवा दैनिक से)*

❖ वन अग्नि पर्यवेक्षकों की चार पीढ़ियों द्वारा उपयोग किये गये वांगहुओ भवन

❖ साइहांबा के समुद्र सतह से 1,940 मीटर सबसे ऊँचे स्थल लिआंग्बिंगताइ पर स्थित वांग्हुओ भवन। आग लगने की आशंका वाले मौसम में पर्यवेक्षक यहाँ से हर 15 मिनट के अन्तराल से वन पर नज़र रखते हैं। पिछले 55 सालों में यहाँ लगभग 20 दम्पती कार्य कर चुके हैं।

❖ साइहांबा की दृश्यावली

2

वन रेंजर लियु गुओः क़दमों से नापते वन

वनों की रक्षा और गश्त के बारे में कहना जितना आसान है करना उतना ही मुश्किल। गश्त का अर्थ केवल पैदल घूमना ही नहीं होता। पहाड़ों पर जहाँ कोई रास्ता न हो वहाँ ऊँची नीची ढलानों पर चढ़ना उतरना, खाइयाँ पार करना, विषैले कीड़ों के काटने और खूँखार जानवरों के हमले से बचना भी होता है। ख़तरा कहीं भी किसी भी रूप में हो सकता है। जहाँ तक "रक्षा" का प्रश्न है तो इसके तहत आग से बचाव, पेड़ों की अवैध कटाई रोकना और समय पर पेड़ों में बीमारी या कीड़ा लगने पर नज़र रखना आदि होता है।

आज साइहांबा में जो लहलहाता हरित सागर दिखता है उसे बनाने में अनेक वन रेंजरों का योगदान रहा है।

बेइमांदिआन वन फार्म की सिदाेगोउ वन रेंज के एक रेंजर लियु गुओ का मुख्य कार्य आग की रोकथाम और अवैध कटाई रोकना है। आग लगने की आशंका वाले मौसम में उन्हें अपने कार्यक्षेत्र में सुबह और फिर दोपहर को (एक बार में लगभग पाँच घँटे) गश्त लगानी होती है। गश्त के दौरान आग से बचाव सम्बन्धी जानकारी सार्वजनिक करना, किसी भी संभावित ज्वलनशील पदार्थ को कब्ज़े में लेना, सुरक्षा-बाड़ का रखरखाव, लोगों या जानवरों द्वारा जंगल को पहुँचाई गई क्षति, पौधों की बढ़वार पर नज़र, चूहों या कीड़ों द्वारा पहुँचाए गये नुकसान, पुराने पेड़ों की छाल का मुआयना करना और इन बारे में अपना आँखों देखा ब्यौरा दर्ज करना होता है। वे कहते हैं, "गश्त के दौरान मुझे पेड़ों को बड़े ध्यान से देखना होता है।" सिदाेगोउ वन रेंज में जंगल का मुआयना करने वाले लियु गुओ जैसे पाँच वन-रेंजर हैं। इनमें से हर एक को 667 हैक्टेयर से अधिक वन-क्षेत्र की देखरेख करनी होती है।

"पूर्वजों की समाधि शुद्धि दिवस 1 मई और 1 अक्तूबर, वन-रेंजर के लिये सर्वाधिक व्यस्तता के दिन होते हैं। ऐसे दिनों में मैं तड़के 2 से 3 बजे उठता हूँ और शाम 6-7 बजे लौटता हूँ।" लियु गुओ के पिता ने वन-काणमकों की पहली पीढ़ी में 1958 में दाहुआंछि वन फार्म में काम करना शुरू किया था। 1988 में 21 वर्ष की आयु में लियु गुओ वन-रेंजर बने और 31 साल तक यह काम करते रहे।

"रोज़ाना मैं सुबह 8 बजे निकलता और दोपहर में कुछ देर के लिये लौटता हूँ और फिर डेढ़ बजे निकल कर शाम 6 बजे लौटता। मेरा ध्यान आग और अवैध शिकार पर रहता। पेड़ पौधों

के अलावा जंगली जानवरों, हनीसकल और देवदार के फलों की सुरक्षा का भी ध्यान रखना होता था।" लियु गुओ हर दिन 1133 हैक्टेयर से अधिक के वन-क्षेत्र का मुआयना करते और हर रोज़ उन्हें दर्जनों किमी अकेले पैदल ही चलना होता था। शायद ही कभी कोई छुट्टी होती थी। गश्त के बारे में उनकी अनेक डायरियाँ हैं जिनमें साइहांबा के विकास में वन-रेंजरों के अथक प्रयास दर्ज हैं।

लियु गुओ बताते हैं, "अधिकांश समय मैं अकेला ही रहता था फिर धीरे धीरे आदत पड़ गई। रात में मैं बोरियत दूर करने को किताबें पढ़ता। इतने बड़े जंगल को देखते हुए मुझे पूर्णता का बोध होता है। यह पेड़ और पहाड़ मेरे दोस्त जैसे हैं। एक छोटे से बीज से इतना बड़ा जंगल खड़ा करने में पीढ़ियाँ लग जाती हैं। लेकिन एक ऋचगारी इसे पल भर में खाक कर सकती है।" शुरू में लियु गुओ, घोड़े पर सवार हो कर वन का मुआयना करते थे। वे बताते हैं, "हम खुद ही घोड़े पालते थे। मुझे घुड़सवारी का दस साल का अनुभव है लेकिन गश्त के दौरान ऊँचे नीचे रास्तों पर अब भी मैं कई बार लुढ़क जाता हूँ।" आग लगने की आशंका वाले मौसम में वन-रेंजरों को लगभग आधा साल तक पहाड़ पर ही रहना पड़ता है क्योंकि लगातार और बड़ी सघनता से निगरानी करनी होती है। इसके अलावा दूसरी वजह ये भी थी कि भारी बर्फ के कारण भी नीचे आना आसान नहीं होता। लियु गुओ कहते हैं, "आग लगने का प्रमुख कारण आदमी की लापरवाही होता है, इसलिये हम सब एकसाथ छुट्टी पर नहीं जा सकते।" वे बारी बारी से एक महीने की छुट्टी लेकर अपने परिवार के पास जाते हैं।

साइहांबा का कुल वन-क्षेत्र 74,667 हैक्टेयर का है जिसमें 80 प्रतिशत पर वन हैं और 6लाख 74 हज़ार 667 क्युबिक मीटर वन-संसाधन है। अब यह चीन का सबसे बड़ा मानव निर्मित वन फार्म बन चुका है जिसमें पारिस्थितिक लोक कल्याण वन निर्माण, वाणिज्यिक वन प्रबंधन, वन पर्यटन आदि सब कुछ है। इसे देखते हुए साइहांबा में वन संरक्षण का कार्य बहुत कठिन है।

लियु गुओ का कहना है, "वन-रेंजर का अपने आस पास के इलाके और जंगल की परिस्थितियों से वाकिफ होना बहुत ज़रूरी होता है। किसी तरह की ग़लती की नहीं होनी चाहिए और सबसे अहम ये कि आप जो रिपोर्ट दें उसमें दी गई जानकारी एकदम सटीक और सही होनी चाहिए। नहीं तो बहुत सा वक्त और कोशिशें बेकार चली जाएँगी और नुकसान ज्यादा होगा।" अब तो पहाड़ों पर सड़कें बन गई हैं जिससे रेंजर मोटर-साइकिल से जंगल की गश्त लगा सकते हैं। रहने की जगह और सुविधाएँ भी बहुत बेहतर हो गई हैं। जैसे, हमारी हर डॉरमैट्री में दो कमरे होते हैं, परिसर में बॉस्केट बॉल और अन्य खेलों की भी सुविधाएँ हैं।

जो इलाका कभी उजाड़ था आज वहाँ हरा भरा जंगल लहलहाता है। लियु गुओ जैसे कई वन-रेंजरों ने पहाड़ों के ऊँचे नीचे, ऊबड़ खाबड़ रास्तों से बिना थके गश्त लगाई और जंगल में शान्ति, जंगल और स्थानीय लोगों के बीच सामंजस्य, और अपार वन संसाधन बनाये रखे।

❖ *वन रेंजर लियु गुओ*

३

गुओ झिफेंगः वन चिकित्सक

हर वर्ष मध्य मई से अगस्त तक साइहांबा में कीट नियन्त्रण का काम होता है। इस दौरान कीट-नियन्त्रण एवं महामारी रोकथाम केन्द्र के प्रमुख गुओ झिफेंग बहुत व्यस्त रहते हैं। कई बार तो वे केवल एक या दो घंटे के लिये ही सो पाते हैं।

चूँकि साइहांबा के पेड़ अब बहुत ऊँचे हो चुके हैं तो फॉग स्प्रेयर का खूब इस्तेमाल होता है। दवा-छिड़काव की आम मशीनें उतनी ऊँचाई तक दवा का धुँआ (फॉगिंग) नहीं छोड़ पातल। लेकिन ये छिड़काव भी मौसम पर निर्भर करता है। अलख सवेरे या शाम के समय वायु दबाव और हवा की गति कम रहने के कारण इस समय किये गये छिड़काव का सबसे अच्छा असर देखने को मिलता है।

रात में एक या दो बजे उठ कर गुओ झिफेंग जंगल में ट्रक पर उपकरण, कीट नाशक और डीज़ल लादने जाते हैं और फिर एक एक करके कणमयों को उनके घर से लेते जाते हैं। सुबह तीन या चार बजे तक यह दवा छिड़काव वाली जगह पर पहुँचते हैं और फिर हाथ में फ्लैशलाईट लेकर काम शुरू कर देते हैं। 10 बजे तक दवा छिड़काव का काम खत्म हो जाता है। सूर्यास्त के बाद यही काम फिर शुरू किया जाता है। इस बीच इन्हें जमीन पर ही जहाँ जगह मिलती है वहल लेट कर आराम करते हैं, भूख लगने पर साधारण सा खाना खाते हैं जो अक्सर ठंडे बन और उबले अंडे का होता है। रात 8 बजे के करीब ये लोग पहाड़ से नीचे आते हैं। गुओ झिफेंग अब कणमयों को एक एक करके उनके घर छोड़ते हैं और सारे काम निपटा कर रात 10 बजे तक अपने घर लौट पाते हैं।

गर्मियों में यहाँ मच्छरों की भरमार हो जाती है और कई बार गुओ झिफेंग को रात भर कीट-पतंगों के घनत्व की गणना करनी पड़ती है। सर्दियों में उन्हें बर्फीली पहाड़ियों पर चूहों से हुई क्षति का जायज़ा लेने जाना पड़ता है। 42 वर्षीय गुओ झिफेंग 19 वर्ष से ये काम कर रहे हैं और उन्हें पेड़ पौधों के रोगों और कीट-पतंगों की रोकथाम का अच्छा अनुभव हो चुका है।

मई 2017 में छिआन्सेंगबान, बेइमांदिआन और यिन्हे वन फार्मों के लगभग 3,333 हैक्टेयर में एक तरह के पतंगे का गंभीर ख़तरा पैदा हो गया। एक एक पेड़ पर 10,000 से अधिक पतंगे चिपके थे। इतनी बड़ी संख्या में यह पतंगे देख कर हर कोई दंग रह गया। गुओ झिफेंग और अन्य कार्मिकों को इनसे निपटने में 20 दिन से अधिक समय लगा। गुओ झिफेंग कहते हैं, "पेड़ों के

रोग और कीड़ा लगना, आग से कहीं बड़ा ख़तरा होते हैं।"

सन 2000 में गुओ झिफेंग, हेबेइ कृषि विश्वविद्यालय से वन-रक्षा की डिग्री लेने के बाद साइहांबा आ गये। हालांकि वे पहाड़ों में ही पले बढ़े थे लेकिन साइहांबा की हालत देख कर वे हैरान रह गये। वे बताते हैं, "शटल बस में एक घंटा यात्रा करने के बाद भी हम एक विशाल जंगल में ही थे।"

साइहांबा से उन्हें गहरा लगाव हो गया और उन्होंने यहीं रहने का मन बना लिया। वन रक्षा का डिप्लोमा लेने वाले वे कॉलेज के ऐसे पहले स्नातक थे जिन्हें साइहांबा में नियुक्ति मिली थी। वे बताते हैं, "मैं उस समय कीट नियन्त्रण एवं महामारी रोकथाम केन्द्र का तीसरा सदस्य था।" वहाँ पहुँचने पर पहले ही दिन वे मुख्यालय से कई किलोमीटर दूर बेइमांदिआन वन क्षेत्र में कीड़ों का जायज़ा लेने चले गये। वहाँ वे तीन महीने रहे जहाँ बिजली नहीं थी, कुआँ उथला था और पहाड़ पर जाने का एक ही रास्ता था। जीने के इन मुश्किल हालात को देखकर उन्हें झटका लगा। वे कहते हैं, "आपके आदर्शों और वास्तविकता में बहुत अन्तर होता है। कभी कभी मन में आता कि मैंने यहाँ आकर कहीं गलती तो नहीं कर ली।"

जंगल में बिजली न होने के कारण गुओ झिफेंग को अपना सारा डाटा मोमबत्ती की रोशनी में तैयार करना होता था, किसी से बात कर पाने का तो सवाल ही नहीं उठता था। पहाड़ पर तीन एकाकी महीने बिताने में उनका कक्षा के अपने साथियों से सम्पर्क कट गया। भारी हिमपात के बाद कीड़े दिखने बंद हो गये और वे कीड़ों का जायज़ा लेने का अस्थायी कार्य पूरा करके लौट आये। मुख्यालय आये तो यहाँ उन्हें वन-कर्मियों की पहली पीढ़ी के कई रोचक व प्रेरक किस्से सुनने को मिले जिन्हें सुनकर उनमें ज़िम्मेदारी और मिशन की भावना जाग्रत हुई। वे बताते हैं, "इस

जगह की यह अनूठी खूबसूरती हमारे अपने हाथों की देन है, इसे देख कर मुझे परिपूर्णता की अनुभूति होती है, लगता है अपनी मेहनत से कुछ हासिल किया है।"

बाद में वे विवाह करके एक पेड़ की भाँति उसी जंगल में बस गये। साइहांबा में काम करने के पहले 14 वर्षों में उन्होंने एक दिन का भी अवकाश नहीं लिया। गर्मियों में उन्हें जंगल में रात भर मच्छरों और अन्य कीट-पतंगों का सामना करते हुए पेड़ों को नुकसान पहुँचाने वाले कीड़ों का घनत्व नापना होता था। सर्दियों में जब भारी हिमपात से पहाड़ों के रास्ते बंद हो जाते तो वे पहाड़ों पर चढ़ कर चूहों से हुए नुकसान का जायज़ा लेने जाते। हानिकारक कीड़ों से बचाव की प्रक्रिया कभी समाप्त नहीं होती, निरन्तर चलती है। लगभग हर वर्ष अनुकूल परिस्थितयाँ पाते ही जंगल में छिपे हानिकारक कीड़ों के झुण्ड अचानक निकल आते थे। वे बताते हैं, "पेड़ों को समय रहते कीड़ों से बचाने या लग जाने पर उनका तत्काल इलाज करने के लिये नियमित अन्तराल पर बड़ी बारीकी से नज़र रखना बहुत ज़रूरी है।"

गुओ झिफेंग को प्यार का सम्बोधन "कठफोड़वा" या "वन-चिकित्सक" कहलाना पसंद है। उन्हें अपने काम पर गर्व है। पेशेवर शिक्षा लेने की वजह से वे साइहांबा जैसे मानव-निर्मित वन, जहाँ अधिकतर एक ही तरह के पेड़ हैं और पारिस्थितिकी थोड़ी नाजुक है, वहाँ पेड़ों को होने वाली बीमारियों और उन्हें नुकसान पहुँचाने वाले कीट-पतंगों से भली-भाँति वाकिफ है।

गुओ झिफेंग ने गत 19 वर्ष, पेड़ों के कीड़ों की आदतों और उनसे बचाव तथा रोकथाम के अध्ययन में बिताये हैं। किसी "कठफोड़वे" की तरह उन्हें लगता है कि वे वन के पेड़ों को बीमारियों और कीड़ों से मुक्त कर सकेंगे। हर वर्ष वे और उनके सहकर्मी 74,667 हैक्टेयर वन क्षेत्र का मुआयना करते हैं

और लगभग 6,667 हैक्टेयर क्षेत्र में पारम्परिक तरीकों से कीड़ों की रोकथाम करते हैं। इस तरह के काम उन्हें साल भर व्यस्त रखते हैं।

पेड़ों के रोगों और कीड़ों के बारे में नए वन-कर्मी जल्दी ही सीख सकें, इसके लिये गुओ झिंफेंग और उनके सहकर्मियों ने तीन साल के प्रयासों से 11 प्रकार के कीड़ों की 900 से ज्यादा प्रजातियों के 20,000 से अधिक नमूने तैयार करके, कीट नियन्त्रण एवं महामारी रोकथाम केन्द्र के कार्यालय में दो नमूना कक्ष तैयार किये हैं। वे बताते हैं, "हम यहाँ किसी भी नये कीट-पतंगे का अध्ययन करते हैं। यहाँ केन्द्र के तकनीशियनों के लिये एक लाइब्रेरी भी है।" इस के साथ ही, कीट-पालन, अध्ययन एवं रूप-परिवर्तन के बारे में जानने के लिये एक प्रयोगशाला भी बनाई गई है।

ये नमूने एकत्र करना कठिन कार्य था। हर वर्ष वे अप्रैल के अंत में केसबेयरर मॉथ से हुई क्षति, मई में जियोमेट्रिड मॉथ से हुई क्षति, मई के अंत से जून की शुरुआत तक पाइन मॉथ से हुई क्षति, जून की शुरुआत में लीफ़-बीटल कीड़ों द्वारा क्षति, जुलाई और अगस्त में छाल बीटल द्वारा क्षति, अगस्त के अंत में हाइलोबियस अल्बोस्पर्सस बोहेमैन से हुए नुकसान तथा और सितंबर के अंत में प्रिस्टफोरा लारिसिस से नुकसान की रोकथाम और नियन्त्रण करते हैं। सर्दियों में भी, शून्य से 40 डिग्री सेल्सियस नीचे तक के तापमान में उन्हें चूहों से होने वाली क्षति को रोकना और नियन्त्रित करना होता है।

अल्पाइन साइहांबा में अपेक्षोंत एक प्रकार की पेड़ प्रजातियाँ और संरचना होने और यहाँ का अपेक्षोंत नाजुक पारिस्थितिकी तंत्र होने के कारण यहाँ बड़े पैमाने पर पौधों की बीमारियाँ और कीट-पतंगों से नुकसान की आशंका रहती है। अगर वन

रोगों, कीड़ों और पाइका जैसे जन्तुओं की आपदाओं (जिन्हें "धुआं रहित दावानल" भी कहते हैं) को समय पर रोका और नियंत्रित नहीं किया जाये तो यह वन संसाधनों को गंभीर नुकसान पहुंच सकता है। पारिस्थितिकी तंत्र को संरक्षित रखते हुए की गई रोकथाम और नियंत्रण के उपायों से ही कीट नियंत्रण एवं महामारी रोकथाम केन्द्र ने बड़े पैमाने पर कीट आपदा नहीं होने दी। साइहांबा की कीट आपदा दर 2 प्रतिशत से अधिक नहीं है, जो हेबेई प्रांतीय वानिकी विभाग द्वारा निर्धारित 3.3 प्रतिशत की सीमा से कम है।

हाल के वर्षों में साइहांबा ने पेड़ रोग और कीट नियंत्रण की बदौलत पारिस्थितिकी संरक्षण में योगदान किया है। गुओ झिंफेंग बताते हैं: "पहले हम कीड़े खत्म कर देते थे लेकिन अब हम इन्हें एक हद तक नियन्त्रित करने पर ध्यान देते हैं। एक उपयुक्त संख्या में कीड़े अन्य कीट-पतंगों को रोकने में सहायक होते हैं। इस तरह हम पारिस्थितिक स्व-नियन्त्रण हासिल कर सके हैं। मानवीय हस्तक्षेप तभी होता है जब कीट-पतंगे बड़े झुण्ड में नुकसान पहुँचाते हैं। पेड़ों के रोग और इन्हें नुकसान पहुंचाने वाले कीड़ों की रोकथाम के लिये अभी तो हमारा सिद्धान्त है: जहाँ तक संभव हो स्वतः नियन्त्रण होने दो, जब तक बड़े पैमाने पर क्षति की आशंका दिखाई न दे तो रोकथाम या नियन्त्रण की कोई आवश्यकता नहल्ल, जहाँ तक जैव नियन्त्रण हो सकता हो तो किसी रसायन का उपयोग न किया जाये। हमारा उद्देश्य रहता है कि पर्यावरण प्रदूषण कम से कम हो, संरक्षण अधिक से अधिक हो, स्व-नियन्त्रण तंत्र को बढ़ावा मिले और पारिस्थितिक संतुलन बना रहे।"

"हमारा काम पेड़-पौधों की गुप्त बीमारियों और कीड़ों को नियन्त्रित करना है। वन को सुरक्षित रखना हमारी सबसे बड़ी ज़िम्मेदारी है। पेड़ों को अगर कीड़ों से बड़ी क्षति पहुँचे या उनमें

कोई महामारी फूट जाए तो इसका अर्थ ये होगा कि हम अपना काम मुस्तैदी से नहीं कर रहे।" गुओ आगे कहते हैं, "कीट नियन्त्रण कभी खत्म नहीं होता। लगभग हर साल मौसम अनुकूल होने पर जंगल में छिपे कीट-पतंगों के झुण्ड अचानक निकल आते हैं। इसलिये सामान्य समय में हमें इन पर कड़ी नज़र रखनी होती है और इनके निकलने से पहले ही योजना तैयार रखनी होती है ताकि समय पर इन्हें नियन्त्रित किया जा सके, इनका इलाज किया जा सके।"

हालांकि काम के बोझ के कारण गुओ झिफेंग अपने परिवार को समय नहीं दे सके लेकिन उन्हें इस बात का कभी अफसोस नहीं रहा, वे तो इस विशाल वन को सुरक्षित रखने में ही गर्व महसूस करते हैं। वे कहते हैं, "दबाव भी आपको बढ़िया काम के लिये प्रोत्साहित करता है। यह वन, साइहांबा के लोगों की तीन पीढ़ियों के कड़े परिश्रम का फल है। इसे सुरक्षित रखने के लिये हम कुछ भी करेंगे।" यहाँ की हरियाली देख कर गर्व से उनकी छाती फूल जाती है।

❖ कीट नियन्त्रण एवं महामारी रोकथाम केन्द्र में कीड़ों के नमूने

❖ *कीट नियन्त्रण एवं महामारी रोकथाम केन्द्र के प्रमुख गुओ झिफेंग*

साइलंब : एक हरित गाथा

❖ कृत्रिम कीट नियन्त्रण

4

यान लिजुन और चि फुलिः साइहांबा की रूपरेखा तैयार करना

विख्यात देवदार का इकलौता वृक्ष आज भी साइहांबा के पूर्वोत्तर में खड़ा है। 200 साल पुराना यह वृक्ष न तो लम्बा है और न ही मज़बूत लेकिन हरा भरा, ताज़गी प्रदान करने वाला और शानदार दिखता है। पेशेवर जानकारों की दृष्टि में यह विशेष है क्योंकि जड़ से करीब एक मीटर ऊपर यह दो हिस्सों में बँटा है मानो दो पेड़ हों।

साइहांबा के सर्वेक्षण, नियोजन, डिज़ाइन एवं अनुसंधान संस्थान के उप-प्रमुख ईंजीनियर यान लिजुन बताते हैं, "इसका तना तेज़ हवाओं में टूटा है और पौष्टिक तत्व इसकी अगल बगल की शाखाएँ भी बाँट लेती हैं। यही नहल, लम्बे समय से कुदरती बढ़वार के कारण इसकी आजू बाजू की शाखाओं की कभी काँट-छाँट भी नहीं हुई जैसी इन दिनों अन्य पेड़ों की जाती है।"

सर्वेक्षण, नियोजन, डिज़ाइन एवं अनुसंधान संस्थान, साइहांबा का वैज्ञानिक अनुसंधान विभाग है। यान लिजुन बताते हैं, "यहाँ किसी भी प्रकार का निर्माण कार्य हमारी अनुमति के बाद ही होता है। हमारा उद्देश्य यहाँ जैव विविधता बढ़ाना और पारिस्थितिकी की स्थिरता बनाये रखना है। बीच बीच में पेड़ों की सामान्य कटाई से आर्थिक लाभ हो सकता है लेकिन यह हमारा ध्येय नहीं है।"

53 वर्षीय यान लिजुन 1994 में चेंग्दे कृषि विद्यालय के तकनीकी माध्यमिक स्कूल से स्नातक होने के बाद यहाँ आये थे। उस वर्ष वे यहाँ आये 60-70 नये लोगों में से एक थे और साइहांबा की दूसरी पीढ़ी के कार्मिक बने। उनके सेवानिवृत्त पिता भी साइहांबा में वनकर्मी रह चुके थे और आज उनकी आयु 81 वर्ष है।

तेज़ बढ़वार और सुविधाजनक विकास, साइहांबा के इस मानव निर्मित वन की विशेषताएँ हैं लेकिन कुछ कमियाँ भी हैं जैसे जैव विविधता की कमी और पेड़ों के रोग तथा कीड़ों से होने वाले नुकसान। इसलिये जब वन एक खास उम्र और घनत्व का हो जाए तो पेड़ काट कर दोबारा लगाने की जरूरत पड़ती है। यान लिजुन बताते हैं, "वन फार्म प्रबन्धन का अर्थ केवल वनीकरण ही नहीं है। वनीकरण और प्रबन्धन का अनुपात क्रमशः 30 प्रतिशत और 70 प्रतिशत का होता है।"

वन संरक्षण के लिये समय समय पर पेड़ों की कटाई-छंटाई और अन्य तरीके अपनाये जाते हैं जिन्हें "रख-रखाव" कहा जाता है। यदि कोई पेड़ बहुत अधिक घना हो, या उसकी कई शाखाएँ हों, या एक तरफ को झुक जाए तो उसे सबसे पहले दुरुस्त करने

के लिये काट-छाँट की जाती है। ऐसा करने से पेड़ की बढ़वार पहले की तुलना में दुगनी तिगुनी हो जाती है। रख-रखाव और समय समय पर काट-छाँट, पेड़ों की प्रजाति और वन की परतें बदलने की भी एक प्रक्रिया होती है। आधुनिक वानिकी प्रौद्योगिकी और विकास के अनुरूप साइहांबा के लोगों ने "बहुपर्ती और ऊँचा-नीचा मिश्रित वन" तैयार किया है। पाँच साल के रख-रखाव और बीच बीच में काट-छाँट कर उन्होंने प्रति हैक्टेयर कॉनिफर घनत्व 3,330 से घटा कर 750 और 225 भी किया है। साइहांबा स्थापित किये जाने के समय से 173,333 हैक्टेयर से अधिक में काट-छाँट की जा चुकी है जो अपने आप में इस जंगल के क्षेत्र से दुगना है।

वानिकी में नियोजन और डिज़ाइन भी महत्वपूर्ण है। पेड़ों की किस्म, उनका घनत्व और लगाने के तरीके पहले से विस्तार में स्पष्ट करने आवश्यक हैं। सर्वेक्षण, डिज़ाइन एवं अनुसंधान संस्थान के उप-निदेशक चि फुलि के अनुसार, "वानिकी के काम के लिये हमें पूरी तरह समर्पित रहना होता है वर्ना प्रेति आपको दंडित कर सकती है। धरती के अनुरूप काम करना आवश्यक है।"

चि ने 1992 से साइहांबा में काम करना आरम्भ किया था। यहाँ एक प्रचलित कहावत है: "मुश्किलें झेलनी हों तो उत्पादन टीम में शामिल हो जाओ, जटिल परिस्थितियाँ झेलनी हों तो जाँच टीम में चले जाओ।" जाँच टीम ही सर्वेक्षण, डिज़ाइन एवं अनुसंधान संस्थान की पूर्ववर्ती है। जब भी टीम वन क्षेत्र में प्रवेश करती है, हर बार उसे यहाँ दो महीने रुकना होता है। वो दिन याद करते हुए चि बताते हैं, "भोजन खराब होता था और मच्छर तथा अन्य कीट-पतंगे नलद हराम रखते थे। बारिश या बर्फ के मौसम में भी हमें काम करना होता था। एक जंगल से दूसरे जंगल आने

जाने के लिये सिर्फ एक गाड़ी थी। बिना बिजली के साधारण कैलकुलेटर इस्तेमाल करने पड़ते वर्ना तो उंगलियों से ही गणना करते थे जिससे दक्षता प्रभावित होती थी। तंग आ कर कभी कभी तो सब कुछ छोड़ देने का मन करता था। पर फिर स्वयं से पूछता कि अगर जंगल में काम ही नहीं करना था तो वानिकी विषय ही क्यों लिया था? बस यही सोच कर फिर से काम में जुट जाता।"

हेबेइ कृषि विश्वविद्यालय से वानिकी में डिग्री लेने के बाद चि फुलि बेइमांदिआन वन फार्म आ गये थे। वे बताते हैं, "कोई अवकाश नहल। हर बार हम यहाँ जंगल में छः महीने रहते थे और इस दौरान हम केवल मध्य शरदोत्सव पर ही घर जाते थे। अगर भारी हिमपात हो जाये तो 10 दिन से भी ज्यादा तक हमें बर्फ साफ करनी पड़ती थी।"

साइहांबा बनाये जाने के साथ साथ यहाँ काम करने के तौर तरीकों में धीरे धीरे बदलाव आया और कुल वृद्धि की बजाय पारिस्थितिकी स्थिरता पर ध्यान दिया जाने लगा। चि बताते हैं, "चूँकि आरम्भिक स्तर पर बदलाव हुआ तो हमें भी उसी के अनुरूप अपनी योजनाएं बदलनी पड़ल। अब हम नियोजन और डिज़ाइन में आर्कजीआईएस प्रौद्योगिकी इस्तेमाल करते हैं। वानिकी की यह सबसे उन्नत पद्धति है। सर्दियों और गर्मियों में हम विडियो के माध्यम से सिद्धान्त (थ्योरी) और प्रौद्योगिकियाँ सीखते हैं क्योंकि कुछ बाहरी कार्य करने की भी ज़रूरत पड़ती है। अब तो हम वानिकी के काम में काफी निपुण हो चुके हैं। यह देख कर संतोष होता है कि भर्ती किये गये कई युवा यहाँ कड़ा परिश्रम कर रहे हैं। यह बहुत अच्छी बात है।"

साइहांबा ने, अनूठे प्रोतिक वन परिवर्तन की अपनी अवधारणा के लिये "परिवर्तन और संवर्धन" नाम का प्रस्ताव किया था। मानव निर्मित जंगल की सेहत के लिये उचित काट-छाँट अधिक अनुकूल

होती है और यह वानिकी में हर कोई जानता है। पारंपरिक तरीकों में जंगल काट कर दोबारा लगाये जाते हैं। लेकिन साइहांबा के लोग यह देखकर बहुत दुखी थे कि उनकी कड़ी मेहनत से खड़े किये गये घने जंगल की जगह अब नये पौधे लगाने होंगे।

बाद में, साइहांबा के लोगों ने चुनलदा काट-छाँट का तरीका अपनाया (यानी पेड़ों की उच्च गुणवत्ता, बड़ा और समान रूप से बंटा हुआ आकार बना रहे) जो यूरोपीय उन्नत अनुभव और स्थानीय परम्परा के अनुरूप था। उचित काट-छाँट के बाद खाली जगहों पर ड्रैगन स्प्रूस और मंगोलियन स्कॉच पाइन रोपे गये जिससे जंगल को बहुत लाभ होता है। मिसाल के तौर पर, प्रोतिक जंगल के फायदे के लिये लगभग कुदरती परिवर्तन और संवर्धन के लिये साइहांबा में सफेद बर्च के पेड़ बने रहने दिये गये, और उनके नीचे ड्रैगन स्प्रूस और मंगोलियन स्कॉच पाइन लगाये गये।

लेकिन पेड़ों की पूरी कटाई की बजाय सीमित काट-छाँट करने से साइहांबा की आमदनी कम हुई है। अब साइहांबा के लोग आगामी 20 वर्षों या इससे भी आगे के समय को ध्यान में रखते हुए जंगल की पारिस्थितिकी तथा बेहतर विकास पर अधिक ध्यान देते हैं।

हाल के वर्षों में साइहांबा नये पेड़ लगाने का भी प्रयोग करने लगा है। साइहांबा निकट भविष्य में रंगीन पत्तों वाले पेड़ लगाना चाहता है। साइहांबा, पारम्परिक वानिकी से पारिस्थितिकी और मानव निर्मित जंगल से प्रोतिक जंगल की ओर अग्रसर है। यह जंगल के बहुपयोगी पारिस्थितक तंत्र के प्रबन्धन पर अधिक ध्यान दे रहा है।

यान लिजुन बताते हैं, "पेड़ों की समृद्ध प्रजातियों से जंगल को अधिक स्वास्थ्यप्रद और अधिक स्थिर पर्यावरण मिलेगा। परिवर्तन और संवर्धन का मुख्य उद्देश्य जैव-विविधता और पारिस्थितक तंत्र की स्थिरता बढ़ाना है।" संरचना सम्बन्धी परिवर्तन का वन पर अधिक प्रभाव होगा जिससे पर्यावरणीय और सामाजिक दोनों लाभ बढ़ेंगे।

परिवर्तन और संवर्धन के प्राथमिक परिणाम इन दिनों मिलने लगे हैं। साल दर साल की काट-छाँट और रख-रखाव, और कॉनिफ़र पौधारोपण तथा खाली जगह में अन्य पेड़ लगाने से साइहांबा में देवदार, छोटे पेड़ों-झाड़ियों और ऊपर से नीचे तक घास तथा फूलों की बदौलत प्रोतिक पर्यावरण मिलता है। जंगल में विविधता बढ़ रही है।

❖ सर्वेक्षण, नियोजन, डिज़ाइन एवं अनुसंधान संस्थान के कर्मचारी चि फुलि और यान लिजुन

5

लियु हेइयांगः
ये शानदार कामयाबी सिर्फ़ मेरी नहीं है

"सबसे पहले तो हम 'धरा के नायक' (चैम्पियंस ऑफ़ द अर्थ) पुरस्कार, वांग शांघाई जैसे लोगों के निःस्वार्थ योगदान को देंगे जिनकी जवानी और पूरी ज़िन्दगी उस विशाल जंगल में बीती जिसे हम आज देख पा रहे हैं।" साइहांबा वन फार्म के प्रमुख लियु हेइयांग ने यह बात पुरस्कार ग्रहण करते हुए कही थी।

यह पूर्ववर्ती ही, लियु हेइयांग के आदर्श हैं। पुरानी पीढ़ी की भाँति इन्होंने भी अपनी पूरी ज़िन्दगी साइहांबा के नाम कर दी। वे बताते हैं, "साइहांबा के बारे में मेरी पहले यही धारणा थी कि मेरे शहर की तुलना में यह बहुत ही ठंडा और वीरान इलाका है।" 1984 में वे हेबेइ वानिकी स्कूल से स्नातक हो कर साइहांबा आये और तकनिशियनों की दूसरी पीढ़ी में शामिल हो गये। इनके कार्यकाल के दौरान साइहांबा नये दौर में प्रवेश कर रहा था। अब ज्यादा ध्यान वनीकरण पर नहीं था, जबकि उत्पादन और रहन सहन अब भी बहुत कठिन था। इन लोगों को ज्यादातर पैदल ही जंगल में जाना होता था। किस्मत से कभी कभी किसी मोटर गाड़ी या बैलगाड़ी में लिफ्ट मिल पाती थी। हालांकि भुखमरी की नौबत नहीं आती थी लेकिन सब्जियों के साथ अच्छा भोजन कभी कभार ही नसीब होता था।

छिन्हुआंग्दाओ के रहने वाले लियु हेइयांग शुरू में तो अधकच्चे मकान में ढंग से सो तक नहीं पाते थे। पानी पीने के लिये बर्फ पिघलानी होती थी और ठंडा खाना अचार के साथ खाना पड़ता था। ऐसी कठिन परिस्थितियों में वे अपने इन आदर्श नायकों की मदद से ही रह पाये थे।

लिउ हेइयांग को सबसे पहले नर्सरी में काम सौंपा गया। जल्दी ही वे जान गये कि ड्रैगन स्प्रूस के पौधे का तना सफेद क्यों हो जाता है। कुछ लोगों को देखकर लगता कि पौधा मुरझा चुका है। लेकिन विश्लेषण से मालूम हुआ कि ऐसा "शारीरिक सूखे" की वजह से होता है। पानी देने से ये फिर जी उठे थे।

साइहांबा के वन फार्मों में से एक सान्दोहेकु वन फार्म 400 मिमि की वार्षिक वर्षा के कारण सबसे अधिक सूखा है। यहाँ की मिट्टी बालुई होने के कारण कम उपजाऊ है और पानी संचित नहीं कर सकती। इसलिये यहाँ वन लगाना बहुत मुश्किल है। इस संदर्भ में लियु हेइयांग तथा अन्य तकनीशियनों ने पौधों को खुश्की में पनपाने के लिये बड़े बड़े पात्रों में पनीरी तैयार की।

अत्यन्त ठंडे, खुश्क और अति का तापमान यहाँ टिकाऊ वनीकरण के मार्ग में बाधक थे। वन फार्म में काम करने के दौरान,

लियु हेइयांग ने अपनी निगरानी में मंगोलियन स्कॉच पाइन और ड्रैगन स्प्रूस जैसे सदाबहार पेड़ उगाने के बारे में कई अनुसंधान प्रकल्प पूरे किये और पथरीले पहाड़ी इलाकों में वनीकरण और हरा भरा बनाने का काम किया। दिसान्शिआंग वन फार्म के तकनीकी उपाध्यक्ष के पद पर कार्यरत रहते हुए उन्होंने व्यापक गुणवत्ता प्रबन्धन का काम शुरू किया जिससे यह छः वन फार्मों में कई साल तक लगातार पहले स्थान पर बना रहा।

अब लियु हेइयांग साइहांबा के पार्टी सचिव और प्रमुख हैं। अतीत की बातें करते हुए वे हमेशा एक बात पर बल देते हैं: "हमारी उपलब्धियाँ सामूहिक हैं।"

उदाहरण के लिये वे वांग फेंग्मिंग के गहरे प्रभाव के बारे में बात करते हैं।

1980 के दशक के अन्तिम वर्ष सबसे कठिन दौर वाले थे। उन दिनों वांग सांदाओहेकु, वन फार्म के प्रमुख थे। उस समय बिजली का स्थानीय ग्रिड नहीं था, डीज़ल का एक जैनरेटर होता था जो हर रोज़ शाम 7 बजे से रात 10 बजे तक चलता था। एक दिन उनकी 5-6 साल की बेटी वन फार्म आई हुई थी। बिस्तर पर लेटे लेटे उसने उत्सुकतावश कहा, "बिजली बंद क्यों नहीं कर देते?" तो किसी ने मज़ाक में कह दियाः "तुम्हारे पिता हमारे प्रमुख हैं। उनके लिये कोई और बिजली बंद करेगा। देखो, अभी बंद हो जाएगी।"

थोड़ी देर बाद जैनरेटर अपने नियत समय पर बंद हो गया और बिजली चली गई। नन्हीं बच्ची ने उस मज़ाक को सच मान लिया और वहाँ से लौटने के बाद हर किसी को इस बारे में बतायाः "मेरे पापा साइहांबा के प्रमुख हैं, बहुत बड़े पद पर हैं, रात को उनके लिये बिजली भी उनका कोई कर्मचारी बंद करता है।"

एक दशक से भी अधिक समय बीत जाने के बाद वांग फेंग्मिंग का तबादला चार या पाँच अन्य जगहों पर हुआ जिसमें सुदूर का एक वन फार्म भी था जहाँ बहुत ही कठिन परिस्थितियाँ थीं। वे हमेशा कहते थे, "मैं पार्टी का सदस्य हूँ। पार्टी ने जो कार्य सौंपा है उसे पूरा करने का भरसक प्रयास करूंगा।" 2005 में एक बार एक कार्मिक कुएँ की सफाई करते हुए उसमें गिर गया। उसे बचाने के लिये वांग भी तुरन्त कुएँ में कूद गये। लेकिन बदकिस्मती से उस व्यक्ति को बचाया नहीं जा सका। 50 वर्ष की आयु में ही उसकी मृत्यु हो गई। उसके लगाये पेड़ आज भी लहलहा रहे हैं।

लियु हेइयांग एक ही बात कहते हैं: "साइहांबा के लोग प्रसिद्धि पाने के लिये यहाँ 50 वर्ष से भी ज्यादा समय से नहीं टिके हैं, और न ही यहाँ की कामयाबी मेरे अकेले की है। हमने तो साइहांबा की अपनी पिछली पीढ़ी से ये उत्तरदायित्व संभाला है। इस जंगल को बेहतर बनाये रखने की ज़िम्मेदारी हमारा संकल्प है।"

❖ *1980 के दशक में काम करते वन-कर्मी*

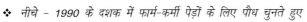

❖ ऊपर – 1981 में पौध बचाने के लिये खरपतवार निकालना

❖ नीचे – 1990 के दशक में फार्म-कर्मी पेड़ों के लिए पौध चुनते हुए

साइहांबा : एक हरित गाथा

❖ *1990 के दशक में वन फार्म के पेड़ों की बढ़वार की पड़ताल*

❖ बंजर भूमि के धरातल का सर्वेक्षण

साइहांबा की तीसरी पीढ़ी: कठिनाइयों में उल्लास तलाशते लोग

निर्मल जल और हरे भरे पहाड़ों के बीच रह रही साइहांबा की तीसरी पीढ़ी अपनी यथास्थिति से संतुष्ट नहीं है। मई 2018 में इन लोगों ने बेहद कठिनाइयों के बीच प्रति हैक्टेयर 7,500 युआन लागत बढ़ने के बावजूद पहाड़ों की धूप वाली अन्तिम ढलान पर वनीकरण का काम आरम्भ किया। इस बार तीसरी पीढ़ी मुख्य भूमिका निभा रही है।

इन दिनों कई युवा स्वेच्छा से तीसरी (80 और 90 के दशकों के बाद बड़ी संख्या में) और शैशवास्था की चौथी पीढ़ी का हिस्सा बने हैं। ऐसे समय में जब हर व्यक्ति के जीवन मूल्यों और पसन्द का सम्मान किया जाता है, इस चौथी पीढ़ी ने तो अपनी इच्छा से साइहांबा के कड़े जीवन का चयन किया है।

अपनी पूर्ववर्ती पीढ़ियों के गुणों की विरासत संभालने वाली साइहांबा के लोगों की यह तीसरी पीढ़ी जीने और काम करने की कठिन परिस्थितियों में हमेशा खुशी तलाश लेती है।

साइहांबा ने हमेशा युवाओं को आकर्षित किया है। जोश के अलावा वे अपने साथ उन्नत सोच और नई प्रौद्योगिकियाँ भी लेकर आते हैं।

2012 से साइहांबा में पेड़ों की कटाई का वार्षिक औसत 150,000 घनमीटर से घटाकर 94,000 घनमीटर तक किया जा चुका है, और लकड़ी की कुल बिक्री से होने वाली आय 66.3 प्रतिशत से 40 प्रतिशत रह गई है। साइहांबा, वन संसाधनों का, आधुनिक विज्ञान एवं प्रौद्योगिक उपलब्धियों तथा संचालन विधि के आधार पर सतत विकास चाहता है।

साइहांबा के लोगों के समक्ष नयी चुनौतियाँ हैं। एक तरफ इन्हें इतनी मेहनत से खड़ा किया अपना वन संरक्षित करना है और दूसरी तरफ इससे भी ऊँची और अधिक खड़ी ढलानों पर वैज्ञानिक प्रबन्धन के माध्यम से और वन बनाने हैं ताकि वन क्षेत्र मौजूदा 80 प्रतिशत बढ़ाकर 86 प्रतिशत किया जा सके।

① यु शिताओः साइहांबा हमारा सपना

"एक नन्हे से अंकुर को विशाल वृक्ष बनने में दशकों लगते हैं, लेकिन इसे नष्ट करने में केवल कुछ पल। इसे सुरक्षित रखने का उत्तरदायित्व अब वनकर्मियों की नई पीढ़ी पर है।" ये कहना है 1980 में जन्मे यु शिताओ का जिनकी त्वचा का रंग किसी पेशेवर पर्वतारोही की तरह भले ही गहरा गया है लेकिन गाल अब भी गुलाबी हैं।

साइहांबा की छः शाखायें हैं – यिन्हे, सांदाओहेकु, दाहुआंछि, छिआन्सेंगबान, बेइमांदिआन और दिसान्शिआंग। यु शिताओ, छिआन्सेंगबान वन फार्म के प्रमुख हैं और आयु में अपने अन्य समकक्ष अधिकारियों से छोटे हैं। इनका जन्म मैदानी इलाके में हुआ था और साइहांबा आने से पहले इन्होंने कभी कोई बड़ा पहाड़ नहीं देखा था। हेबेइ कृषि विश्वविद्यालय में पढ़ने के दौरान वे वानिकी का आदर्श बन चुके साइहांबा की ओर आकर्षित हुए।

साइहांबा की भर्ती परीक्षा उत्तीर्ण करने के बाद यु शिताओ 2005 में साइहांबा आये। उनके 80 सहपाठियों में से केवल चार या पांच ही वानिकी में नौकरी के लिये चुने गये थे। उसी वर्ष सितम्बर में वे अपने सपनों की दुनिया साइहांबा पहुँच गये। वहाँ रहने की व्यवस्था आरामदेह तो नहीं कही जा सकती थी। रात में वे ईंटों के बने पक्के गर्म बिस्तर पर सोते थे। मनोरंजन का कोई साधन नहीं था। वहाँ का जीवन सादा और उबाऊ था। सुबह 5 बजे निकलते और रात 8 बजे घर लौटते। खाने में कुछ बन, ठंडा पानी और अचार होता था। इंस्टैंट नूडल भी उनके लिये दुर्लभ पकवान थे।

वहाँ न कोई साइबर कैफे था न कोई मॉल। यु शिताओ ने वहां पहली बार अकेलापन महसूस किया। दिन भर की कड़ी मेहनत के बाद उन्हें रात को अकेले ड्यूटी पर जाना होता था। वे बताते हैं, "सर्दियों की लम्बी ठंडी रातों में मैं अकेले बिस्तर में लेटे लेटे खिड़की से देखते हुए तारे गिनता था।" अकेलेपन से तंग आ कर कभी कभी आँसू बह निकलते थे।

यु शिताओ के माता-पिता खेतीबाड़ी का काम करते हैं। ये जान कर कि बेटा अपना काम छोड़ना चाहता है, उन्होंने उसे समझाया: "तुमने अभी काम करना शुरू ही किया है। अपना सपना पूरा करो, बहुत अधिक मत सोचो।"

2006 के वसन्तोत्सव के बाद, यु शिताओ का स्थानान्तरण उत्पादन टीम में श्री गु दिआन्चिआंग के सहायक के रूप में हो गया। 50 से अधिक आयु के गु मितभाषी किन्तु अपने काम में

माहिर थे और वे 184 वर्ग किमी में फैले छिआन्सेंग्बान वन फार्म के एक एक पेड़ पौधे की जगह और स्थिति से इतने वाकिफ थे कि सभी उन्हें 'चलता-फिरता मानचित्र' कहते थे। अपने ख़ाली वक्त में वे अकसर यु शिताओ को अपने से पहले के वनकर्मियों के हृदयस्पर्शी किस्से सुनाया करते।

यु शिताओ ने भी संकल्प ले लिया, "पुरानी पीढ़ी की इस दृढ़ता का पालन करते हुए मैं भी यहीं काम करता रहूँगा।" उस दिन से उन्होंने भी रोज़ाना सुबह जल्दी उठ कर जंगल में काम करने जाना शुरू कर दिया और देर शाम को लौटते। हर एक जंगल की हर जगह और हर चीज़ को ध्यान से देख कर नोटबुक में लिखते जिसे वह हमेशा साथ रखते थे। अब तक वे आग की रोकथाम और कीट नियन्त्रण, संसाधन प्रबन्धन, मिट्टी और पनीरी तैयार करने, पौधरोपण, पेड़ पौधों की काट-छाँट, प्रबन्धन एवं उपयोग जैसे कार्यों में संलग्न रह कर वन के हर कोने में अपने पदचिह छोड़ चुके हैं।

जल्दी ही वे साइहांबा के जीवन के अभ्यस्त हो गये और अब उन्हें यहाँ आनन्द आने लगा। वे बताते हैं, "वानिकी का स्नातक होने के नाते यह जंगल मेरी कर्मभूमि होनी चाहिए। हराभरा जंगल और ताज़ी हवा ऐसे अनुपम उपहार हैं जो हमें भावी पीढ़ियों को देने चाहिए।" जंगल में रहने के कारण उनकी महिला-मित्र ने उनसे नाता तोड़ लेने की धमकी दी थी। लेकिन फिर भी यु शिताओ अपने संकल्प पर अडिग रहे और साइहांबा के लोगों की तीसरी पीढ़ी के एक सच्चे समर्पित सदस्य बने रहे। एक दशक से अधिक के प्रयासों के पश्चात, यु शिताओ और उनके सहकर्मियों ने कम घनत्व वाले मानव-निर्मित वन की रोपाई जैसे कई सफलतापूर्वक नए प्रयोग किये और वन की "सीमित पेड़ कटाई" और "वन-व्यापी स्केल्टिंग" के सर्वेक्षण की नई विधि विकसित

की जिससे रोपे गये पौधों के जीवित रहने की दर 85 प्रतिशत से बढ़कर 95 प्रतिशत हो गई।

इसके साथ ही उन्होंने बड़ी परिधि के तने वाले और दुर्लभ प्रजातियों के पेड़, उच्च गुणवत्ता वाले पेड़ों की प्रजातियाँ लगाने, तथा मंगोलियन स्कॉच पाइन की कोरियन पाइन की ग्राफ्टिंग के बारे में भी अनुसंधान किया। जलवायु, पर्यावरण तथा संसाधनों का लाभ उठाते हुए उन्होंने इकोटूरिज़म और हरी पौध की बिक्री तथा साइहांबा की खूबियों के अनुरूप अन्य जगहों को भी हरा भरा बना कर उनका प्रबन्धन करने की परियोजनाएँ हाथ में ले लीं।

सीखने और अभ्यास के लंबे अनुभव से यु शिताओ ने अनूठी दक्षता हासिल कर ली थी। वे अपने कार्यक्षेत्र के एक एक इंच से वाकिफ हैं। कटाई-छँटाई के दौरान वे दूर से देख कर बता सकते हैं कि किस पेड़ को कितनी काट-छाँट चाहिए और किसे नहल। वे स्केल के बिना ही, डिज़ाइन के आधार पर अपना काम पूरा कर सकते हैं।

वन रेंज से निर्माण कार्य और तकनीकी टीमों में काम करने के बाद अन्ततः 2013 में उनकी प्रोन्नति शाखा-प्रमुख के रूप में हो गई। पिछले 14 वर्षों में उनकी निगरानी में 13,333 हैक्टेयर से अधिक भूमि पर वनीकरण, 10,000 हैक्टेयर से अधिक इलाके में कीट नियन्त्रण, और 13 हैक्टेयर से अधिक क्षेत्र में पौध तैयार करने की नर्सरी का कार्य पूरा हुआ है। बाद में उन्हें मुख्यालय में उप-प्रमुख के पद पर प्रोन्नत कर दिया गया। अपने क़द जितने हो चुके पौधों को देख कर यु शिताओ का सीना गर्व से फूल उठता है: "ये मेरे बच्चों समान हैं।" 2011 में उनकी प्रेमिका फु लिहुआ ने पेड़कृचग की अपनी अच्छी नौकरी छोड़ दी और चीनी वानिकी अकादमी से स्नतकोत्तर की डिग्री लेकर साइहांबा आ गई। वे बताती हैं: "मैंने कड़ाके की ठंड वाले स्थान पर कड़े जीवन

की शुरुआत की जहाँ एक दिन की भी छुट्टी नहीं ली।" कई लोगों को लगता है कि वे यहाँ अपने प्रेमी के लिये आईं लेकिन उनका कहना है कि उन्हें तो जंगल ने आकर्षित किया था।

अब यु शिताओ, छिआन्सेंगबान वन फार्म के प्रमुख और मुख्यालय में उप-प्रमुख दोनों पदों की ज़िम्मेदारी संभाल रहे हैं जबकि फु लिहुआ साइहांबा अनुसंधान संस्थान की रीढ़ बन चुकी हैं। उनका बच्चा आठ वर्ष का हो चुका है जो इसी वन फार्म में बड़ा हो रहा है। यु शिताओ कहते हैं: "वानिकी में एक कहावत है – पर्यावरण के अनुरूप पौधरोपण का अर्थ है कि पौधों को उनकी उपयुक्त भूमि में लगाया जाये। हम दोनों ने इसी आधार पर साइहांबा को चुना। आज अनेक युवा अपने सपनों का पीछा कर रहे हैं। हम भाग्यशाली थे जो पहले ही अपनी स्वप्ननगरी में हैं।"

❖ *यु शिताओ, छिआन्सेंगबान वन फार्म के प्रमुख*

सौंग यिंग्यिंग और फु यिंग्नानः
मुश्किलों और खुशियों की जुगलबंदी

"कॉलेज की पढ़ाई पूरी करने के बाद छात्र भले ही कहीं भी चले जाएँ लेकिन साइहांबा के लगभग सभी बच्चे स्नातक होने के बाद यहीं लौट आते हैं। हमें यहीं अच्छा लगता है।" यह कहना है स्नातक सौंग योत्रृग्यग का जो विश्वविद्यालय से स्नातक होने के बाद बेझिझक साइहांबा लौट आई और दिसान्शिआंग वन फार्म की बलियांग वन रेंज में 90 के दशक के बाद के तकनीशियन बन गई। उत्पादन टीम में वे इकलौती महिला सदस्य और साइहांबा के लोगों की तीसरी पीढ़ी में से एक हैं।

वे बेइमांदिआन वन फार्म पर ही बड़ी हुई हैं। बचपन के कड़वे मीठे अनुभवों को याद करते हुए बताती हैं, "उन दिनों हमारा परिवार एक छोटे से कमरे में रहता था जिसमें ईंटों का केवल एक बिस्तर था जिसे गर्म किया जा सकता था। पूरी वन रेंज में सिर्फ एक टीवी था। हम कुएँ से पानी पीते थे और रात को कमरे में जलाने के लिये पीली रोशनी का एक छोटा सा बल्ब था।" बचपन में वो अपने छोटे से घर के बाहर जंगल में ही खेलती थी। उसे साइहांबा की शरद ऋतु सबसे प्रिय थी क्योंकि रास्पबेरी, स्ट्राबेरी और अन्य स्वादिष्ट फल मिलते थे। उसके परिजन चूँकि साइहांबा के सबसे पहले वन कर्मी थे इसलिये वह भी स्नातक होने

के बाद यहीं लौट आई। वे कहती हैं, "माता पिता की तुलना में, मैं अधिक भाग्यशाली हूँ। यहाँ की परिस्थितियाँ अब काफी बेहतर हैं। हम अब डॉरमैट्री में टीवी भी देख सकते हैं।"

फु यिंग्नान भी 90 के दशक के बाद के युवा हैं जो 2015 में साइहांबा लौट आये। उनके पिता यहाँ पहली पीढ़ी के वनकर्मियों में शामिल थे। वे मुख्यालय की नर्सरी में ही बड़े हुए। वे बताते हैं: "यहाँ जो सबसे ऊँचे पेड़ हैं वो मेरे दादा और उनकी पीढ़ी के लोगों ने लगाये थे। मेरे पिता ने बताया कि पहले ये पेड़ ऊँचाई में उनसे भी नीचे थे। आज तो 10 मीटर से कहीं ऊंचे हो चुके हैं। हम भी इन्हीं पेड़ों की तरह बड़े हुए हैं।"

लेकिन आमतौर पर लोग यहाँ जो देख पाते हैं, व्यक्तिगत अनुभव उन से अलग हो सकते हैं। फु यिंग्नान के अनुसार, "यहाँ की कठिन परिस्थितियों की आप कल्पना नहीं कर सकते। वसन्त में कई लोगों को पॉलैन ऐलर्जी हो जाती है। अगस्त और सितम्बर में लोगों को राइनिटिस होने से आँखों से पानी झरता रहता है और तेज़ सिरदर्द तक होता है। मुझे तो साल भर कॉलर पहनना पड़ता है।"

तकनीशियनों को वन क्षेत्र के हर कोने का निरीक्षण करना

होता है। समय बचाने के लिये वे अक्सर सुबह 7 बजे निकलते हैं, दोपहर में पहाड़ पर सूखा खाना खाते हैं और शाम होने पर लौटते हैं। "पहाड़ पर चढ़ना तो वैसे ही चुनौतीपूर्ण होता है लेकिन मुझे पुरुषों की चाल से कदम मिलाने को तेज़ चलना पड़ता है। आप लड़की हो तो काम आसान मिलेगा, ऐसा नहीं है। भले ही बारिश हो रही हो लेकिन आप काम से लौट नहीं सकते। हिमपात के दिनों में तो और भी मुश्किल होता है।" सौंग यिंग्यिंग को एक वाक्या आज भी याद है। मुस्कुराते हुए वे बताती हैं: "सर्दियों में एक दिन हम सिर्फ एक थर्मस बोतल लेकर पहाड़ पर गये। दोपहर में हमने बर्फीले तूफान का सामना सात कटोरे इंस्टैंट नूडल खा कर किया।"

वसन्त ऋतु में इन्हें निशानदेही, पैमाइश, गड्ढे खोदने और पौधरोपण का काम करना होता है। जून में ये लोग ब्रश-कटिंग, कटाई-छँटाई और बाड़ का काम करते हैं। सर्दियों में भारी हिमपात से पहाड़ी दर्रे बंद होने से पहले इन्हें पेड़ों की बढ़वार और उनके रखरखाव का ध्यान रखना होता है। यही वो वक्त होता है जब ये लोग बारी बारी से छुट्टी ले सकते हैं। हर साल लगभग 300 दिन ये लोग अपने सहकर्मियों के संग बिताते हैं। फु यिंग्नान बताते हैं, "हम सब एक परिवार की तरह हैं, एक दूसरे की मदद करते हैं। हम बड़े ही सकारात्मक माहौल में ज़िन्दादिली से रहते हैं।"

"यहाँ का हर एक पेड़ सब की मिली जुली मेहनत का फल है। उसी तरह इसकी रक्षा की ज़िम्मेदारी भी हम सब की है। अगर आपको अच्छा लगे तो यहाँ कभी भी काम मिल सकता है।" सौंग का मानना है कि अभ्यास से ही आदमी अपने काम में दक्ष होता है, लेकिन इसके लिये एकाग्रता चाहिए। वे कहती हैं: "वनीकरण की मुश्किलों के बावजूद जब अपने लगाये पेड़ों को बढ़ता देखते हैं तो उपलब्धि का अहसास होता है। जीवन कठिन ज़रूर है लेकिन खुशी देता है।"

उसे साइहांबा की विभिन्न ऋतुओं को अपने फोन पर रिकॉर्ड करना पसन्द है। तकनीशियन बन कर यहाँ आने के पहले साल उसने जो पेड़ लगाये थे वो अब ऊँचे और हरे भरे हो चुके हैं जो उसे सबसे ज्यादा खुशी देते हैं। तीन से पांच साल बाद यहाँ पेड़ों की जीवित रहने की दर 90 प्रतिशत से अधिक हो चुकी है।

"आस पास के बड़े पेड़ साइहांबा की पुराने पीढ़ी के लोगों ने लगाये थे। आज हम उन्हीं पेड़ों का फल-फूलता देख पा रहे हैं। मेरे माता-पिता ने अपने समय में अनेक पेड़ लगाये थे।" वह अपने लगाये पेड़ों को भी बड़ा होता देखना चाहती है। वह कहती हैं: "बीस वर्ष बाद मैं अगली पीढ़ी के लोगों को अपने कहानी-किस्से सुनाऊँगी।"

❖ सान्शिआंग वन फार्म के तकनीशियन फु यिंग्नान और सौंग ऋयग्येंग

❖ खेतों में काम करते फु यिंग्नान और सौंग ऋयग्येंग

③

यु लेइः साइहांबा में कार्यरत चौथी पीढ़ी

वन बहुत ही नाजुक होता है, माचिस की एक तीली से कभी भी नष्ट किया जा सकता है। दशकों से विशाल जंगल में एक बार भी आग की कोई गम्भीर घटना नहीं हो सकी है। इसका श्रेय यहाँ के पर्यवेक्षकों और वन रेंजरों के अथक प्रयासों और जंगल की आग की रोकथाम एवं नियन्त्रण विभाग के विस्तारित सूचना तंत्र को जाता है। अब तक दावानल विडियो निगरानी तंत्र, आग की पहचान करने वाली इन्फ्रारैड प्रणाली, और आकाशीय बिजली की पूर्व सूचना और निगरानी प्रणाली का विस्तार, कुल वन क्षेत्र के 85 प्रतिशत हिस्से तक किया जा चुका है। साइहांबा में निगरानी तंत्र अत्यन्त कड़ा है और मानव निर्मित इस वन की पूर्ण सुरक्षा के लिये, वन सुरक्षा और अग्नि नियन्त्रण सम्बन्धी विश्व के सबसे सख्त नियम लागू किये गये हैं। वन वो जगह है जहाँ उनकी आगामी पीढ़ियाँ बड़ी होंगी।

साइहांबा के दावानल नियन्त्रण कार्यालय के एक कर्मचारी यु लेइ एक बात पर बल देते हैं: "पर्यवेक्षक अब भी बहुत अहम हैं क्योंकि कुछ स्थानों पर डिटैक्टर काम नहीं करते। आग और हवा के बारे में किसी पर्यवेक्षक की सूचना 95 प्रतिशत से अधिक सही होती है।"

बीजिंग प्रौद्योगिकी संस्थान से कम्प्यूटर विज्ञान में स्नातक होने के बाद यु लेइ, साइहांबा के चौथी पीढ़ी के लोगों में शामिल हो गये। 1962 में उनके दादा यु झान्जियांग अपने दो वर्षीय बेटे यु वेंगे को लेकर वेइचांग से साइहांबा आये थे। 60 और 70 के दशक में लेइ के दादा, जिन्हें वन फार्म के यांज़िआओ निगरानी केन्द्र पर कार्यरत थे। एक बार वसन्तोत्सव उत्सव के दौरान भारी हिमपात के कारण यातायात ठप्प पड़ गया और यु झान्जियांग अपने काम पर समय से पहुँचने के लिये घर से खुश्क खाना बाँध कर दो दिन पहले ही निकल पड़े थे। यु लेइ के पिता यु वेंगे ने बाओडिंग वानिकी महाविद्यालय से स्नातक होने के बाद वित्तीय विभाग का कार्य करना शुरू किया था। लेइ के दो चाचा निर्माण कार्य में लगे हैं, छोटा भाई टिकट बेचने का काम करता है और पत्नी वानिकी उत्पादन में कार्यरत है। 24 सदस्यों वाले इस बड़े परिवार के 14 लोग कई वर्षों से साइहांबा में ही कार्यरत रहे हैं।

यु लेइ ने स्नातक होने के बाद कुछ समय बीजिंग में ही काम किया। साइहांबा आने के बाद कुछ समय तक तो वे यहाँ बड़ा

अजीब महसूस करते रहे थे। मुस्कुराते हुए वे बताते हैं: "रात 8 बजे यहाँ सारा बाजार बंद हो जाता था। मुझे तो ऐसी जिन्दगी की आदत नहीं थी। बड़ा अकेलापन लगता। बाद में काम के सिलसिले में मेरा बीजिंग और शिजियाजुहांग आना जाना हुआ। धीरे धीरे लगने लगा कि शहर की जिन्दगी अब मुझे रास नहीं आयेगी। मुझे यहाँ के हरे भरे जंगल और नीले आसमान में ही आनन्द आने लगा।"

साइहांबा के जिस दावानल नियन्त्रण कार्यालय में यु लेइ कार्यरत हैं वहाँ वे दीवार पर लगी एक बड़ी सी स्क्रीन पर वास्तविक समय में अग्नि निगरानी स्थल के चित्र देख सकते हैं। आग का पता लगाने वाले छः इन्फ्रारैड रडार 20 किलोमीटर की परिधि पर निरन्तर नजर रखते हैं, और स्वचालित कार्य करने वाले 360 डिग्री घूमते 21 कैमरे अब साइहांबा के 90 प्रतिशत से अधिक वन क्षेत्र की निगरानी करते हैं और इस तरह यहाँ

❖ *दावानल नियन्त्रण कार्यालय के यु लेइ*

त्रिआयामी वन सुरक्षा प्रणाली तैनात है। अब कहीं भी आग लगने और उसे तुरन्त बुझाने की व्यवस्था है। यु लेइ बताते हैं: "आग का पता लगाने वाली इन्फ्रारेड राडार प्रणाली, दावानल विडियो निगरानी प्रणाली और आकाशीय बिजली की पूर्वसूचना और निगरानी प्रणाली पूरी तरह से उपयोग में है, और आठ यूएवी जल्दी ही लगाई जाने वाली हैं। इन सभी प्रणालियों को एकीकृत करने से दावानल नियन्त्रण और निगरानी केन्द्र समूचे वन क्षेत्र की निगरानी कर सकेगा।"

आग लगने की आशंका वाले सबसे अहम मौसम के दौरान सभी कर्मचारियों का ड्यूटी पर तैनात रहना आवश्यक है। आग का कोई भी स्रोत जंगल से दूर रखने के लिये चौदह स्थायी अग्नि निरीक्षण केन्द्र बनाये गये हैं। नौ वांग्हुओ भवनों के 18 पर्यवेक्षक हैं। कुल 96 घण्टे पूरा समय काम करने वाले वन-रेंजर निरन्तर गश्त लगाते हैं, और 352 पेशेवर तथा अर्द्धपेशेवर अग्निशमन कर्मी हमेशा तैयार रहते हैं।

पूर्वजों की समाधि शुद्धि दिवस के अवसर पर समाधि साफ करने के हर दिन साइहांबा के लोग चिन्तित और व्यस्त रहते हैं। अग्नि रोकथाम का काम सही ढंग से करने के लिये वे समय पर मौसम की सूचना, आग रोकथाम की तैयारी और कहीं कोई आग की घटना हो तो उसकी जानकारी टैक्स्ट मैसेज और वी-चैट पर भेजते रहते हैं। वे जंगल में घूमने आये लोगों को भी याद दिलाते रहते हैं कि वे ऐसी किसी चीज़ का उपयोग न करें जिससे आग लग सकती हो। इसके अलावा वे आसपास के गाँव के लोगों को अग्नि-नियन्त्रण के बारे में जानकारी देते रहते हैं ताकि पूर्वजों की समाधि शुद्धि का काम व्यवस्थित तरीके से सम्पन्न हो सके। वे चौबीसों घँटे तैनात रहते हैं ताकि किसी भी समय उनसे संपर्क किया जा सके।

आग नियन्त्रण कणमयों के अलावा साइहांबा के लगभग सभी लोग आग नियन्त्रण के प्रति बेहद जागरूक हैं। "समाधि शुद्धि दिवस, अंतरराष्ट्रीय श्रमिक दिवस, और राष्ट्रीय दिवस पर तो इस बात की आशंका अत्याधिक होती है क्योंकि बड़ी संख्या में आने वाले पर्यटकों का प्रबन्धन करना मुश्किल हो जाता है। समाधि शुद्धि दिवस पर तो इलाके की सुरक्षा के लिये सुबह 0330 बजे ही निकल जाते हैं। पारम्परिक रूप से तो लोग इन दिनों पर कुछ प्रतीकात्मक वस्तुएँ प्रज्जवलित कर अपने पुरखों और दिवंगत परिजनों को याद करते हैं पर इनसे आग लगने का ख़तरा रहता है। लेकिन 2015 से स्थिति में बदलाव आया है क्योंकि वेइचांग काउँटी ने लोगों से अनुरोध किया है कि वे अपने पूर्वजों को पुष्प अणपत करके याद करें तो बेहतर होगा।"

इन लोगों के लिये वन ही जीवन है। "इसी जंगल में नौकरी मिलती है और यहाँ 2000 से अधिक कार्मिकों के मकान हैं। यह बीजिंग, तिआन्जिन और अन्य स्थानों की बालुई तूफानों से रक्षा करता है। दशकों की मेहनत से खड़ा किया गया जंगल हमारी आँखों के सामने नष्ट नहीं हो सकता। अगर आप अपनी ड्यूटी मुस्तैदी से निभाते हैं तो आप एक बढ़िया वन-कर्मी बन सकते हैं," ये कहना है यु लेइ का।

⑷

यांग लीः साइहांबा में पीएचडी-धारी पहली महिला कर्मी

साइहांबा में विशाल जंगल ही नहीं यहाँ वन में घास के मैदान और अन्य पारिस्थितिक इकोटोन तथा भौगोलिक स्थिति और जलवायु के कारण जंगली फूलों की भी कई अनूठी प्रजातियाँ हैं।

यिन्हे वन फार्म की प्रोडक्शन टैक्निशियन यांग ली हर वर्ष अपनी टीम लेकर यहाँ के विशेष जंगली फूलों और पौधों का प्रसार, बढ़वार, और विकास की पड़ताल करती हैं। साल के लगभग 200 दिन, वे पहाड़ पर काम करती हैं। वे अपने साथ इंटरचेंजेबल लैंस वाला डिजिटल कैमरा ले कर जाती हैं जिससे वे फूलों और पौधों में आये बदलाव को रिकॉर्ड करती हैं।

हेबेइ कृषि विश्वविद्यालय से 2009 में स्नातक होने के बाद यांग ली, जो अब 36 वर्ष की हैं, काम के सिलसिले में साइहांबा आ गईं। 2016 में उन्होंने हेबेइ कृषि विश्वविद्यालय में प्रवेश लिया था और साइहांबा में कार्यरत पहली ऐसी कर्मी बनीं जो डॉक्टरेट कर रही थी। इस दौरान उनके डॉक्टरल-सुपरवाइज़र ने उनसे उन जंगली फूलों और पौधों के फोटो अलग करने को कहा जो उन्होंने यहाँ खलचे थे। उन्होंने यहाँ 300 से अधिक प्रजातियों के चित्र लिये थे।

इनमें ऐकिलेगिया याबिआना किटाग उनका सबसे पसंदीदा है, सिर्फ इसलिये नहीं कि यह उनके पसंदीदा जामुनी रंग का है बल्कि इसलिए कि यह फूल जंगल में खिलता है।

यांग ली स्वयं भी जंगल में किसी फूल सी दिखती हैं।

साइहांबा आने से पूर्व उन्होंने यहाँ की सुन्दरता केवल ऑनलाइन देखी थी और इसके बारे में अपने अध्यापक से सुना था। 2009 में स्नातक होने और हेबेइ प्रांत द्वारा आयोजित भर्ती परीक्षा उत्तीर्ण करने के बाद वे कई प्रकार की अपेक्षाएँ मन में संजोए साइहांबा की हरित रेलगाड़ी में सवार हो गईं।

दस घँटे की यात्रा के बाद वे चेंग्दे पहुँचीं। वहाँ से फिर पाँच घँटे की यात्रा शुरू हुई और अन्ततः साइहांबा पहुँचीं, लेकिन पहुँचते ही निराश हो गईं। दिसम्बर की सर्दी में यहाँ सिवाय वीरानगी के कुछ नहीं था।

नवागन्तुकों की मनोदशा समझते हुए उनके अधिकारियों ने उनके लिये संग्रहालय देखने की व्यवस्था की जहाँ यांग ली को पता चला कि साइहांबा कैसा था और आज किस रूप में है। दशकों पूर्व के चित्रों में वहाँ केवल रेत ही रेत थी, किसी पशु-पक्षी का

नामोनिशान नहीं था, जिस पर आज के साइहांबा का विशाल जंगल देख कर यकीन नहीं होता था। आरम्भिक दौर में यहाँ रहने के लिये जो झोंपड़े, वनीकरण के औज़ार, कपड़े आदि इस्तेमाल होते थे उन्हें देख कर और पुरानी पीढ़ियों के जिनमें "छः लड़कियाँ" भी शामिल थीं, किस्से सुनकर यांग ली का दिल भर आया। वे बताती हैं: "वनकर्मियों की पहली पीढ़ी ने कितने अभावों में उस रेगिस्तान को मौजूदा हरे भरे जंगल में बदल दिया। उस समय से तुलना करें तो आज हम अपने को भाग्यशाली और खुशहाल पाते हैं। हमें तो किसी बात की शिकायत नहीं होनी चाहिए।"

शुरू के कुछ महीनों में यांग ली ने कार्यालय में लिपिकीय काम किया पर फिर लगा कि उन्होंने जो कुछ पढ़ा है उसका कोई लाभ वे नहीं उठा रहीं। संयोग से उन्होंने वानिकी अनुसंधान संस्थान के पूर्व प्रमुख दाइ चिशिआन के बारे सुना। वे 1977 में कॉलेज प्रवेश परीक्षा फिर से शुरू होने के बाद पहले कॉलेज स्नातकों में से एक थे। साइहांबा आने के पश्चात वे उत्पादन और प्रबन्धन तकनीकों के अध्ययन में जुट गये थे। उनके मार्गदर्शन में साइहांबा के मानव-निणमत देवदार और मंगोलियन स्कॉच पाइन जैसे सदाबहार जंगलों के गहन प्रबन्धन सहित 10 से अधिक अनुसंधान प्रकल्प पूरे हुए जिनमें कई प्रकार की समस्याएं दूर की गईं। दुर्भाग्य से, वर्षों की कड़ी मेहनत से वे बीमार पड़ गये और केवल 52 वर्ष की आयु में उनका देहान्त हो गया। मृत्यु से पहले उन्होंने कहा था: "मुझे अभी बहुत काम करना है" और उनकी पत्नी ने उनका हाथ थाम कर कहा था: "आप चिन्ता न करें। हमारा बेटा कॉलेज का स्नातक होने के बाद आपका बचा हुआ काम आगे बढ़ायेगा।" यांग ली को इस बात ने गहरे तक प्रभावित और प्रेरित किया।

2013 में उसने उत्पादन टीम में तबादला करवा लिया और युवा टीम की अग्रिम पंक्ति में शामिल हो गई। वे बताती हैं: "दिसम्बर में मुझे आधिकारिक तौर पर उत्पादन टीम में भेज दिया गया। सर्दियों में शून्य से 30 डिग्री नीचे तापमान में भी हम पहाड़ पर लकड़ी गिनने जाते थे। यह एक अविस्मरणीय अनुभव है। तेज़ तूफान में मेरे पैर सुन्न हो चुके थे क्योंकि घुटनों तक बर्फ थी। मेरे हाथ जम कर सख्त हो चुके थे। हर दस मिनट काम करने के बाद ट्रक पर जा कर शरीर को गर्माहट देनी पड़ती थी।" लंच करने के समय का उसे बेसब्री से इंतज़ार रहता था जब वह फार्म प्रहरी के कमरे में स्टोव के पास बैठ कर बर्फ से पानी बना कर उसमें इंस्टैंट नूडल उबाल कर खा सकती थी।

वार्षिक साँख्यिकी कार्य पूरा होने के बाद, आसपास रहने वाले कार्मिक छुट्टियों में घर चले जाते और अकसर यांग ली अकेली ही वहाँ रह जाती। एक दिन वह अपने अधिकारी के साथ दागुआंऋदग्ज़ि पर्वत पर वांग्हाई भवन देखने गयी। वहाँ के पर्यवेक्षक लियु जुन ने उनकी सोच को हमेशा के लिये बदल दिया। अकेलापन दूर करने के लिए लियु जुन ने टीवी कार्यक्रमों के माध्यम से चित्रकारी करना सीख कर, आसपास के कई सुन्दर प्रोंतिक दृश्य ों को कैनवैस पर उतार कर दीवार पर सजा रखा था।

"उन दिलचस्प चित्रकारियों को देखकर मुझे लगा कि मैं अपने खाली वक्त में ऐसा ही कुछ क्यों नहीं कर सकती?" उस समय, साइहांबा ने वनस्पति चित्रों का एक संग्रह प्रकाशित किया था, जिसमें 600 से अधिक प्रकार के जंगली पौधे दिखाये गये थे। बढ़वार की विशेष परिस्थितियों के कारण, साइहांबा में जंगली फूल और पौधे आकार में बड़े और रंगीन होते हैं, जिन्हें दूसरी जगह उगाना काफी कीमती हो सकता है। इसलिये यांग ली ने अपने खाली वक्त में इनका अध्ययन करना शुरू कर दिया।

इससे उनका जीवन भी समृद्ध हुआ। वे जानकारी जुटाने,

पड़ताल करने और इस बारे में लिखने में व्यस्त हो गईं। कई बार तो वह मेज़ पर काम करते करते सो जातीं। धीरे धीरे उन्हें साइहांबा के सैंकड़ों फूलों और पौधों की जानकारी हो गई और वे उनकी बढ़वार की आदतों और क्षेत्रों के बारे में एकदम सही जानकारी दे सकती थीं। साइहांबा धीरे धीरे जैव-विविधता का महत्व समझ चुका था और यहाँ एक विशेष अनुसंधान समूह बन चुका था, इसलिये यांग ली भी इसकी सदस्य बन गईं।

एक बार, वे मुश्किल से एक ऊँचे पहाड़ पर चढ़ कर वहाँ पहुँची ही थीं कि जबरदस्त तूफान ने उन्हें घेर लिया। आसपास बचने की कोई जगह न होने के कारण वे करीब आधा घंटे तक भारी बारिश में भीगती रहीं। उन्हें ऐसे कीड़ों ने काट लिया जो चार दिन बाद एक अस्पताल में उनकी त्वचा में से निकाले जा सके। उसके बाद से तो उन्होंने हमेशा पहाड़ पर मच्छरों और कीट-पतंगों के हमले से बचने के लिये, जुलाई की गर्मी में भी पूरी टांगें ढाँकने वाले लम्बे पैंट पहनने शुरू कर दिये। वे बताती हैं: "लम्बे पैंट नमी रोकते हैं और मच्छरों तथा कीट-पतंगों से भी बचाते हैं। मैंने अनुभव से यह सबक सीखा।"

इनका अनुसंधान दल पॉलिगॉनेटम ओडोराटम और थाइम जैसे फूलों और पौधों की 20 प्रजातियाँ कम ऊँचाई वाले इलाकों में सफलतापूर्वक ला चुका है। ऐसे अनुसंधानों के कारण ही 2016 में उन के अपने शिक्षा संस्थान हेबेइ कृषि विश्वविद्यालय ने उन्हें जंगली फूलों और पौधों का अध्ययन जारी रखने को कहा है।

पिछले एक दशक में वे शायद ही कभी अपनी कोई और पोशाक पहन सकी हैं लेकिन उन्हें इसका कोई अफसोस नहीं है। वे कहती हैं: "मेरा जीवन और मेरा करियर अब इसी जंगल के हवाले है। ये फूल ही अब मेरी सबसे सुन्दर पोशाक हैं।"

$$\boxed{5}$$

गुओ झिरुइः विश्वविद्यालय का स्नातक
लौटा साइहांबा में काम करने

2009 में हेबेइ कृषि विश्वविद्यालय से पर्यावरण पारिस्थितिकी में स्नातक की उपाधि लेने के बाद गुओ झिरुइ बेझिझक साइहांबा में काम करने लौट आये। दाहुआंछि वन फार्म में चार साल तक टैक्नीशियन के तौर पर काम करने के बाद उनका स्थानान्तरण मुख्यालय में वानिकी विभाग में हो गया। उनकी सोच एकदम स्पष्ट है: "मैंने साइहांबा में काम करना चुना क्योंकि मुझे इससे प्यार है और मेरे परिजन भी यहीं हैं।"

इनका मानना था कि उनके परिवार के अधिकांश सदस्य साइहांबा में होने और जो कुछ उन्होंने कॉलेज में सीखा वो सब वानिकी विकास के बारे में होने के कारण उन्हें साइहांबा ही लौटना चाहिए। बाद में, वे नौकरी करते हुए बीजिंग वानिकी विश्वविद्यालय से स्नातकोत्तर भी हो गये।

"मेरा परिवार यहीं है। 1970 में मेरे दादा-दादी साइहांबा आये थे। अब मेरे चाचा-चाची भी यहीं काम करते हैं। रहने की परिस्थितियाँ भी पहले से बेहतर हैं। बचपन में तो मुझे शटल बस से पास के ज़िले तक जाने में चार घंटे से ज्यादा लग जाते थे लेकिन अब एक घंटे से कुछ ज्यादा समय में पहुंच जाते हैं।" अपने बचपन में ये साइहांबा के अन्य बच्चों के साथ मिलकर वन फार्म में मशरूम चुनने जाते थे क्योंकि इन्हें लगता था कि मशरूम आमतौर पर हर दिन खाये जाने वाले आलू और बंद गोभी से अधिक स्वादिष्ट होता है। लंबे समय तक यहाँ रहने वाले कड़ाके की सर्दी के दिनों में भी यहाँ मज़ा तलाश लेते हैं। साइहांबा के बच्चे "बर्फ से ऊपर उड़ने वाला खेल" खेलते थे जिसमें वे एक साधारण सी स्केटबोर्ड पर सवार होकर किसी ऊँची ढलान से सरकते हुए नीचे आते। साइहांबा का जूनियर स्कूल बंद हो जाने के बाद गुओ वेइचांग में एक बोथडग स्कूल चले गये। इनका छोटा भाई तो प्राइमरी स्कूल में ही बोथडग भेज दिया गया था। गुओ बताते हैं: "हमारे माता-पिता काम में व्यस्त रहते थे। अपने बल पर जीना और मज़बूत होना तो हम स्वयं ही सकते हैं।"

यह परिवार तीन पीढ़ियों से यहीं साइहांबा में है। इनके दादा, माँ और पिता क्रमशः वित्तीय मामले, पौध, और बिजली से सम्बन्धित काम देखते थे। चूँकि वे वनीकरण की अग्रिम पंक्ति में कार्यरत नहीं थे शायद इसीलिये गुओ झिरुइ उन कुछ भाग्यशाली बच्चों में था जो बचपन में अपने माता-पिता के साथ साइहांबा में रह सके।

वानिकी निर्माण, प्रबन्धन, सर्वेक्षण तथा डिज़ाइन के कामों से जुड़े होने के कारण गुओ को अकसर दूर पहाड़ों पर जाना पड़ता है। साइहांबा की तीसरी पीढ़ी के अन्य लोगों से इतर वह शुरू में यहाँ की कठिन परिस्थितियों से वाकिफ नहीं था। एक दिन, वह कुछ पुराने वनकर्मियों के साथ एक बड़े ही खड़ी चढ़ाई वाले इलाके में गया। लेकिन अनुभव न होने से पिछड़ गया। जब तक ऊपर पहुँचा तो देखा पुराने कार्मिक तो काम करके लौट रहे थे। वह बहुत शर्मिन्दा हुआ। उसने बताया: "बाद में मैंने एक ही बार में खड़ी चढ़ाई करना सीख लिया। हालांकि तेज़ धूप, मच्छर या कीट-पतंगों जैसी चुनौतियाँ तो होती हैं। शुरू में मैं मकड़ी के जाले तक से डर जाता था। पर अब मकड़ी चेहरे पर भी गिर जाये तो फर्क नहीं पड़ता, उसे हटा कर काम में जुटा रहता हूँ।"

साइहांबा में अब वनीकरण का काम और अधिक मुश्किल इलाकों में पहुँच चुका है और साथ ही वन रक्षण सम्बन्धी बुनियादी ढाँचे का भी निर्माण किया जाना है। गुओ झिरुइ को लगता है कि अधिकतम गुणवत्ता और पारिस्थितिक लाभ लेने के लिये इस जटिल इलाके में पहले से अधिक अभिनव उपाय करने होंगे। वे ज़ोर देकर कहते हैं: "अब जबकि हम इतना बड़ा जंगल खड़ा कर चुके हैं तो इसे सुरक्षित रखने के हरसंभव उपाय हमें करने हैं।"

❖ तकनीशियन गुओ झिरुइ

❖ ऊपर – पहाड़ पर सर्वेक्षण करते गुओ झिरुइ

❖ दाएँ – पेड़ के तने की मोटाई नापते हुए

❖ साइहांबा मुख्यालय का भवन

साइहांबा : एक हरित गाथा

❖ 13 मई 2014 को साइहांबा वन फार्म में
वृक्षारोपण (छायाकारः वांग)

❖ 30 जुलाई 2009 को साइहांबा वन फार्म में पौध ले जाते हुए

❖ *80 के दशक के बाद के कॉलेज छात्र स्नातक होने के बाद यहाँ काम करते हुए। इन सभी ने अपने कॉलेज के दौरान आग नियन्त्रण से लेकर पौध तैयार करने और ऋतुसचाई से लेकर पेड़ों की कटाई-छंटाई विषय में स्नातकोत्तर किया है।*

❖ दाएँ ऊपर – कॉलेज स्नातक एक
   ढलान पर पौधरोपण करते हुए

❖ दाएँ – कॉलेज स्नातक फार्म में
   पौधरोपण करते हुए

❖   बाएँ ऊपर – खुली हवा में बाहर बैठ
    कर भोजन करना सामान्य है

❖   बाएँ – खाली समय में सुस्ताते कॉलेज
    स्नातक

साइहांबा : एक हरित गाथा

❖ अनुसंधान कार्य में जुटी टीम

❖ 12 जुलाई 2017 को साइहांबा के वन फार्म में आंकड़े एकत्र करते हुए (छायाकार: वांग शिआओ)

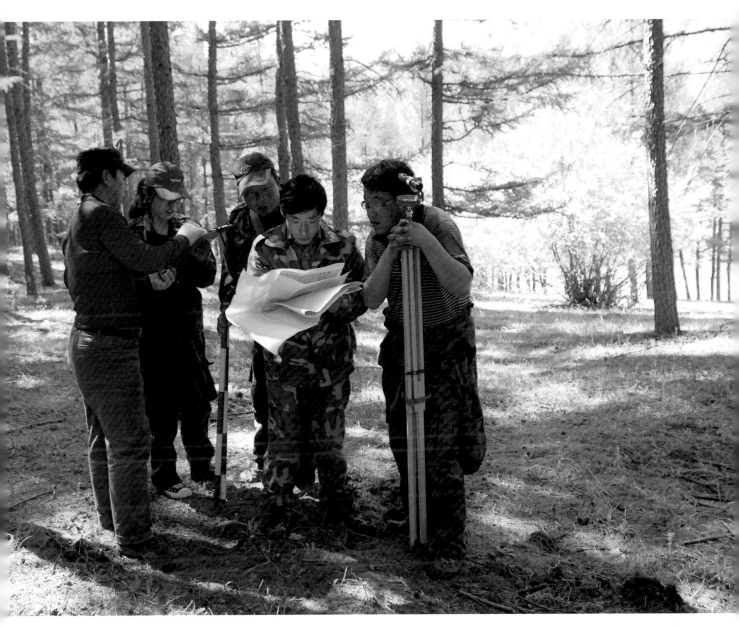

❖ अनुसंधान कार्य में जुटी टीम

साइहांबा : एक हरित गाथा

❖ बाएँ – 30 जुलाई 2009 को साइहांबा वन फार्म पर पौध ले जाते हुए

❖ नीचे – वन फार्म कर्मी पौध ले जाते हुए

4 साइहांबा की तीसरी पीढ़ी: कठिनाइयों में उल्लास तलाशते लोग

❖ रूटिंग पाउडर और जल संचयन पदार्थों से पौधरोपण के बारे में जानकारी दी जा रही है

❖ 13 मई 2014 को साइहांबा वन फार्म में वृक्षारोपण (छायाकारः वांग शिआओ)

साइहांबा : एक हरित गाथा

❖ बाएँ – वनीकरण स्थल का एक दृश्य

❖ बाएँ नीचे – 13 अप्रैल 2016 को साइहांबा कार्मिक एक पथरीली ढलान पर वृक्षारोपण करते हुए (छायाकारः मोउ यु)

❖ लकड़ी के लट्ठे ले जाते हुए

साइहांबा : एक हरित गाथा

❖ *14 जुलाई 2017 को साइहांबा वनकर्मी*
(छायाकारः झांग हाओ)

साइहांबा : एक हरित गाथा

❖ दावानल रोकथाम कार्यालय साइहांबा वन फार्म के उप-निदेशक सुन वेंगुओ बताते हुए कि अब उनके काम में उपग्रह से होने वाली निगरानी, आग का पता लगने वाले इन्फ्रारेड राडार, और विडियो मॉनिटर्ॄंग से बहुत मदद मिलती है। (छायाकारः वेइ शि)

❖ दाएँ – अग्नि रोकथाम
   सैन्य ब्रिगेड

❖ दाएँ नीचे – दावानल
   रोकथाम अभ्यास

❖ अग्नि बाधा

❖ ऊपर – साइहांबा वन फार्म में नये पौधे लगाने का कार्य ज़ोरशोर से जारी। 2011 से मिट्टी की अत्यन्त महीन परत और सख्त पथरीली दक्षिणी ढलानों पर पेड़ उगाने के प्रयास

❖ दाएँ – नाली

अनमोल संपदा हैं
निर्मल जल और
हरे भरे पर्वत

छिआन्सेंबान वन फार्म की नर्सरी में मंगोलियन स्कॉच पाइन और ड्रैगन स्प्रूस के पौधे 30-40 सैंटीमीटर की दूरी पर बड़ी सफाई से लगे ताज़ी हवा में सांस लेते हुए गुनगुनी धूप का आनन्द लेते हैं। वास्तव में, ये नये पौधे 5 वर्ष पुराने हैं जिनमें तीन साल तक ये नर्सरी में रहे और दो साल गमलों में। साइहांबा के सारे पौधे छिआन्सेंबान वन फार्म में ही उगाए जाते हैं।

गत 57 वर्ष में साइहांबा के लोगों की तीन पीढ़ियों ने वनीकरण का काम कभी नहीं रुकने दिया। पांच साल पहले वन-क्षेत्र 80 प्रतिशत से अधिक था, और तीसरी पीढ़ी के लोगों को रेगिस्तान की बंजर पहाड़ियों और पथरीले पहाड़ों पर वन लगाने का काम करना था। कुछ पहाड़ी ढलानों पर जहाँ धूप आती है वहाँ मिट्टी की परत बहुत ही पतली है और दूर दराज़ नंगी चट्टानें हैं और इन परिस्थितियों में वन लगाना बहुत मुश्किल वाला काम है। कुछ पहाड़ियों की ढलान तो 46 प्रतिशत तक है। ऐसे में पेड़ लगाना बेहद मुश्किल है।

पेड़ लगाने के लिये मिट्टी, पानी और पौध की समस्याएँ हल करना ज़रूरी है। चट्टानी ढलानों पर पेड़ लगाने के लिये यह विधि अपनाई गई – ढलान पर चट्टान खोद कर गढ्ढा बनाओ, उसमें मिट्टी भरो और फिर उसमें पेड़ लगाओ। अगर पेड़ जी गये तो पत्थरों के बीच अपनी जड़ें फैला लेंगे और दरारों में वर्षा या मन्त्रृल्चग से जो पानी ठहरेगा उसे सोख लेंगे। साइहांबा की तीसरी पीढ़ी ने मिट्टी को हवा से बचाने, पानी रोके रखने के लिये घासफूस या प्लास्टिक शीट से ढाँकने और बाड़ खड़ी करने जैसी कई तरह की चुनौतियों का सामना किया।

पिछले 57 वर्ष में साइहांबा के लोगों ने अल्पाइन क्षेत्र में पेड़ों की बढ़िया प्रजातियाँ लगाने, पौध तैयार करने और वनीकरण के काम में आने वाली तकनीकी मुश्किलों पर पार पा कर वन संर्सिंत और प्रबन्धन में नये कारनामे कर दिखाये। अब इनकी नजर साइहांबा के सतत विकास और व्यवस्थित उपयोग पर है।

साइहांबा प्रदर्शनी केन्द्र के तीसरे प्रदर्शनी कक्ष में टच-स्क्रीन पर कार्बन ऋसक के बारे में दिखाई जाने वाली जानकारी काफी लोकप्रिय है। कार्बन उत्सर्जन सूचक के रूप में हर वर्ष वन द्वारा सोखी गई कार्बन डाइऑक्साइड की मात्रा बेच कर खरीदार अपनी उत्सर्जन कटौती कम कर सकता है। यही कार्बन-ऋसक ट्रांसैक्शन (कार्बन का लेन-देन) कहलाता है। वन जिसे अपनी साँस में सोखते हैं वही आपकी दौलत बन जाती है।

वनीकरण तथा वन संर्सिंत एवं प्रबन्धन पर आधारित साइहांबा कार्बन ऋसक परियोजना से कुल 40 लाख 75 हज़ार टन कार्बन डाइऑक्साइड उत्सर्जन में कटौती हुई जिसे राष्ट्रीय विकास एवं सुधार आयोग में दर्ज किया गया है। चीन बीजिंग पर्यावरण आदान-प्रदान के तहत पहली वनीकरण कार्बन ऋसक परियोजना 183,000 टन कार्बन डाइऑक्साइड की कटौती के अनुमान के साथ शुरू की गई है। अब तक साइहांबा पौध तैयार करने, पर्यटन, पवनचक्की और इमारती लकड़ी (टिम्बर) की एक औद्योगिक शृँखला तैयार कर चुका है। साइहांबा की अनुमानित कुल कीमत 20.2 अरब युआन है तथा निवेश और उत्पादन (इनपुट और आउटपुट) का अनुपात 1:19.8 है।

लेकिन एक बात स्वीकार करनी होगी कि साइहांबा में भी पहले कुछ गलतियाँ हुई हैं।

1980 के दशक के आरम्भ में जब बड़े पैमाने पर पेड़ लगाने का काम पूरा हुआ तो सारा ध्यान वन-प्रबन्धन पर केन्द्रित कर दिया गया। सरकारी वन फार्मों पर पारम्परिक रूप से जो कारोबारी मॉडल अपनाया जाता है उसके अनुसार साइहांबा ने आय बढ़ाने के लिये बड़े पैमाने पर इमारती लकड़ी के लिये पेड़ काटने शुरू

कर दिये। सन 2000 में इसकी कुल आय में इमारती लकड़ी से होने वाली आय का 90 प्रतिशत हिस्सा था।

लकड़ी के लिये पेड़ों की कटाई से आय बढ़ने के बावजूद साइहांबा के लोगों को पेड़ों की अधिक कटाई को लेकर चिन्ता होने लगी। बाद में, साइहांबा ने पेड़ों की कटाई की मात्रा पर कड़ा नियन्त्रण लगा दिया और धीरे धीरे पेड़ों की प्रजातियों का समायोजन करने लगा। कई वर्ष के अनुसंधान के बाद यहाँ वन प्रबन्धन के छः तरीके विकसित किये गये जिनमें मंझौले और छोटी परिधि वाले देवदार के पेड़ लगाना, बड़ी परिधि वाले मंगोलियन स्कॉच पाइन लगाना, हरे पौधे (धूप और हवा से भोजन लेने वाले) लगाना, मानव निर्मित वनों का स्वस्थ प्रबन्धन करना, कटाई के बाद कुदरती तौर पर जंगल उगाना, और वन उद्यानों में लैंडस्केप बेहतर करना शामिल था।

साइहांबा में अब पेड़ों की कटाई और कम कर दी गई है जिससे इसकी खपत और इससे होने वाला राजस्व घट कर 41.6 प्रतिशत रह गया है, 5,333 हेक्टेयर से अधिक भूमि पर पौध तैयार की जाती है, ड्रैगन स्प्रूस, मंगोलियन स्कॉच पाइन और चीनी रेड पाइन जैसे हरे पौधे उगाये जाते हैं, और उन्हें कई उत्तरी प्रान्तों तथा चीन के अन्य क्षेत्रों में भेजा जाता है। साइहांबा ने देश में अनेक हरित परियोजनाएँ भी हाथ में ली हैं। 2014 से साइहांबा ने पर्यटन संसाधनों के वैज्ञानिक उपयोग के लिये यहाँ आने वाले पर्यटकों की वार्षिक वृद्धि दर भी नियन्त्रित करके 3 प्रतिशत से कम कर दी है। इसके अलावा, पवनचक्की परियोजनाओं के स्थल चुनने सम्बन्धी नियम भी सख्त किये हैं – इनके लिये अब वन भूमि की बजाय केवल सीमा-क्षेत्र, पथरीली बंजर पहाड़ियाँ और अग्निरोधक क्षेत्र ही इस्तेमाल किये जा सकते हैं, और पेड़ों की कटाई की अनुमति नहीं होगी। लियु हेइयांग बताते हैं: "साइहांबा की पारिस्थितिकी अब भी बहुत नाजुक है। हमें इसे समझदारी से विकसित करना होगा।"

वृक्षारोपण, बीच बीच में पेड़ों की कटाई-छँटाई, पौध तैयार करना, लैंडस्केप बहाल करना, वन पर्यटन, कार्बन ऋषक व्यापार, और वन का रखरखाव . . . साइहांबा के लोगों ने धीरे धीरे सतत विकास का हरित उद्योग और आर्थिक विकास तथा पारिस्थितिकी संरक्षण के बीच संतुलन बना लिया है।

यदि हम इन्सान कुदरत के साथ सही बर्ताव करें तो यह हमें इनाम ही देती है।

साइहांबा के उत्तरपूर्व में एक लाख वर्ग मीटर के दलदली इलाके में फैली छिन्नशग झील (सप्त-सितारा झीलें) विभिन्न आकार की सात प्राकृतिक झीलों से बनी है। 2015 में यहाँ एक और झील उभर आई जिससे साइहांबा के पहाड़ों, जल, वन, खेतों आदि के बीच अच्छा सामंजस्य बनने से पारिस्थितिकी में सुधार हुआ है।

"पहाड़, जल, वन, खेत और झीलें एक बढ़िया सामुदायिक जीवन रचते हैं। खेत मानव की जीवन रेखा हैं, खेतों की जीवन रेखा पानी है और पानी की जीवन रेखा हैं पहाड़, और पहाड़ों की जीवन रेखा है मिट्टी और मिट्टी की जीवन रेखा जंगल हैं।" महासचिव शी चिनफिंग का यह कथन प्राकृतिक पारिस्थितिकी तंत्र के विभिन्न हिस्सों के बीच अंतर्सबंधों की व्याख्या करता है। पेड़ और वन भूमि, पहाड़ों, नदियों और मानव का सदैव अस्तित्व बनाये रखने में सहायक हैं।

चीनी वानिकी अकादमी के अनुसार साइहांबा का वन पारिस्थितिकी तंत्र हर वर्ष 13 करोड़ 70 लाख घनमीटर पानी का संरक्षण और शुद्धिकरण कर सकता है, 7 लाख 47 हज़ार टन कार्बन ठीक कर सकता है, 4 लाख 55 हज़ार टन ऑक्सीजन दे सकता है, और 12 अरब युआन से अधिक कीमत की

पारिस्थितिक सेवा प्रदान कर सकता है। साइहांबा के वनों, घास के मैदानों, आर्द्रभूमि तथा अन्य पारिस्थितिक तंत्रों में ज़मीन पर विचरण करने वाली 261 प्रजातियां, मछली की 32 प्रजातियां, कीड़ों की 660 प्रजातियां, बड़े कुकरमुत्तों की 179 प्रजातियां, और पौधों की 625 प्रजातियां हैं जिनमें राष्ट्रीय संरक्षित जानवरों की 47 प्रजातियां और राष्ट्रीय संरक्षित पौधों की नौ प्रजातियां शामिल हैं।

वनीकरण का आसपास के ग्रामीणों को भी बड़े पैमाने पर लाभ मिलता है, जिसने स्थानीय लोगों के लिए बड़ी संख्या में रोज़गार के अवसर पैदा किये हैं, और आसपास के क्षेत्रों जैसे ग्रामीण पर्यटन, प्रजनन, जंगली सामग्री, हस्तशिल्प, परिवहन आदि से संबंधित उद्योगों को विकसित करने में मदद की है। साइहांबा ने स्थानीय लोगों की वार्षिक आय 60 करोड़ युआन से अधिक करने में मदद की है, जिससे गरीबी से छुटकारा पा कर अमीर बनने के नए रास्ते खुले हैं।

साइहांबा, "बीजिंग को रेत से बचाने, बीजिंग-तिआन्जिन क्षेत्र के लिए पानी का संरक्षण करने, हेबेई प्रांत के लिए संसाधन बढ़ाने और स्थानीय लोगों के लिए धन बढ़ाने" की भूमिका निभाते हुए, उत्तरी चीन में हरे नगीने पन्ना की तरह चमक रहा है, जिसने इस इलाके को विशाल पारिस्थितिक, आर्थिक और सामाजिक लाभ प्रदान किया है। साइहांबा के लोग यहाँ के निर्मल जल और हरे भरे पहाड़ों को अपनी अनमोल धरोहर मानते हैं जो यहाँ की अमूल्य संपदा बन चुके हैं।

मंगोलियाई भाषा में "साइहान" का अर्थ है "सुन्दर" और चीनी भाषा में "बा" का अर्थ होता है "ऊंचा टीला।" हर साल मध्य ग्रीष्म काल में यह हरा भरा जंगल रंग बिरंगे फूलों से गुलज़ार हो उठता है। साफ निर्मल जल और हरे भरे घने जंगल ही साइहांबा के लोगों के लिये सबसे बड़ा इनाम है, और दुनिया का सबसे बड़ा मानव-निर्मित जंगल आगामी पीढ़ियों को पारिस्थितिकी से लाभान्वित करता रहेगा।

❖ *साइहांबा में पारिस्थितिक विविधता के लिये पेड़ों की विभिन्न प्रजातियाँ लगाई गई हैं।*

❖ सिग्नल टॉवर पर लिखे नारे: "बीजिंग और तिआन्जिन में
बेहतर पानी के लिये सरकती रेत बाँधने के लिये विशाल हरित
भीति का निर्माण"

साइहांबा वन फार्म का विहंगम दृश्य

साइहांबा : एक हरित गाथा

❖ युवा कर्मी स्मारक वन बनाते हुए

❖ 5 दिसम्बर 2017 को नैरोबी स्थित संयुक्त राष्ट्र पर्यावरण कार्यक्रम मुख्यालय में चीन के साइहांबा वन फार्म को "पृथ्वी रक्षक पुरस्कार– प्रोत्साहन एवं कार्यान्वन पुरस्कार" प्रदान किया गया। यहाँ, चेन् यांशिआन (बाएँ से दूसरी, लियु हाइन्ड्ययग (मध्य), यु शिताओ (दाएँ से दूसरे) को साइहांबा कार्मिकों की तीन पीढ़ियों की ओर से पुरस्कार प्राप्त करते देखा जा सकता है। चित्र में संयुक्त राष्ट्र पर्यावरण कार्यक्रम के कार्यकारी निदेशक ऐरिक सोल्हीम (दाएँ से प्रथम)। (चित्र शिन्हुआ समाचार एजेंसी के रिपोर्टर चेन् चैंग के सौजन्य से।

❖ साइहांबा के उत्तरपूर्व में छिन्क्शग झीलें आर्द्रभूमि उद्यान जंगल, घास के मैदान, चरागाहों, दलदल और खुले जलीय विस्तार वाली दुनिया है। हाल के वर्षों में झील के पानी का स्तर बढ़ने लगा है और दृश्यावली पहले से अधिक खूबसूरत होती जा रही है।

❖ लुआन्हे नदी का स्रोत

साइहांबा : एक हरित गाथा

❖ ऊपर – पौधे रखने का स्थान

❖ दाएँ – साइहांबा नर्सरी का एक दृश्य जो साइहांबा वन फार्म की आय का मुख्य स्रोत है।

❖ छिआन्सेंग्बान वन फार्म की नर्सरी में कठिन पर्यावरण के लिये नई पौध तैयार की जाती है। यहीं परीक्षण भी किये जाते हैं।

❖ छिआन्सेंगबान वन फार्म के तकनीशियन

साइहानबा : एक हरित गाथा

❖ 11 जुलाई 2013 को छिआन्सेंग्बान नर्सरी में पौधे ले जाये जा रहे हैं। (छायाकारः वांग शिआओ)

साइलेंट : एक हरित गाथा

❖ बाएँ – मंगोलियन स्कॉच
पाइन के पौधे

❖ दाएँ – स्प्रूस के पौधे

❖ ऊपर – पौध ले जाने को तैयार

❖ बाएँ – पौध स्थल

❖ साइहांबा का नज़ारा

❖ पहले का सजातीय कृत्रिम वन आज देवदार के ऊँचे पेड़ों,
झाड़ियों और फूलों वाला एक विविध पारिस्थितिक परिदृश्य
बन चुका है। स्थानीय प्रजातियों की विविधता धीरे-धीरे सुधर
रही है।

5 अनमोल संपदा है निर्मल जल और हरे भरे पर्वत

❖ साइहांबा में आज लकड़ी उद्योग का बोलबाला नहीं है बल्कि पौध तैयार करने, पवनचक्की से बिजली तैयार करने, पर्यटन आदि जैसे कई अन्य कारोबार विकसित हो चुके हैं और हरित विकास का मार्ग हर दिन बढ़ता ही जा रहा है। (छायाकारः छिआओ तिआन्फु)

साइहांबा : एक हरित गाथा

5 अनमोल संपदा है निर्मल जल और हरे भरे पर्वत

* ऊपर – वन फार्म में घास ले जाते ग्रामीण (छायाकारः लियु झाओमिंग)
* दाएँ – वन फार्म में घास ले जाते ग्रामीण (छायाकारः छिआओ तिआन्फु)

साइबेरिया : एक हरित गाथा

❖ कुछ ग्रामीण वन फार्म में अपने लिये खेती भी करते हैं। इस वर्ष आलू की बढ़िया उपज हुई।

❖ साइहांबा वन फार्म में आलू उत्पादक किसान (छायाकारः छिआओ तिआन्फु)

❖ ऊपर – साइहांबा का, वृक्षों की कटाई, वन सुरक्षा, वन पर्यटन, पौध उत्पादन और वन उत्पाद संकलन एवं प्रसंस्करण, तथा हरित विकास और पारिस्थितिक सभ्यता विकसित करके बढ़िया पर्यावरण एवं सामाजिक आर्थिक लाभ का मॉडल बनना। चित्र में वन कर्मियों को काम करते देखा जा सकता है।

❖ दाएँ – 20 अक्तूबर 2018 को कार्यरत साइहांबा वन फार्म कर्मी (छायाकारः मोउ यु)

❖ 24 सितम्बर 2018 को साइहांबा में कटाई

❖ साइहांबा में 24 सितम्बर की सुबह मौसम का पहला पाला। श्रमिक 200 किलोग्राम से अधिक भारी लकड़ी के लट्ठों को ठेले पर लादते हुए (छायाकार: ली योंग्जिन)

5   अनमोल संपदा हैं निर्मल जल और हरे भरे पर्वत

❖ ऊपर – 26 सितम्बर 2018 को साइहांबा में एकत्र हुए काठ श्रमिक (छायाकारः ली योंग्जिन)

❖ बाएँ – लकड़ी के लट्ठे साइहांबा से काठ संयंत्र ले जाते हुए (छायाकारः ली योंग्जिन)

❖ साइहांबा का दृश्य

❖ *स्थानीय फार्म और पहाड़ी उत्पादों की बिक्री*

❖   *2008 में साइहांबा का पहला शरदकालीन साँस्कृतिक एवं पर्यटन उत्सव*

❖ ऊपर - साइहांबा की प्रोतिक पारिस्थितिकी

❖ बाएँ - पशुओं के लिये बने पारिस्थितिकी
  अनुकूल आवास

❖ दाएँ - साइहांबा की प्रोतिक पारिस्थितिकी

❖ साइहांबा प्रदर्शनी अतीत, वर्तमान और भविष्य के किस्से बताती है। यहाँ साइहांबा के परिश्रमी लोगों की उपलब्धियों प्रदणशत की गई हैं।

❖ 16 जनवरी 2017 को हेबेई प्रान्त के चेंग्दे में साइहांबा का तापमान शून्य से 15 डिग्री नीचे चला गया। लेकिन यहाँ की सुन्दरता सैलानियों को बड़ी संख्या में आकर्षित करती है।

❖ *साइहांबा का दृश्य*

❖ साइहांबा का दृश्य